2

꿀딸영문법
시제부터 의문문까지 개념 확장

✏️ 고딸 학습진도표

공부 시작한 날 _____ 년 _____ 월 _____ 일

공부 목표 _____ 년 _____ 월 _____ 일 까지 책 끝내기

 영문법이 쏙쏙 기억되는
고딸의 5단계 학습법

1단계

<본문>을 읽으면서 영문법을 술술 이해해요!

영어를 공식처럼 외우지 마세요! 고딸쌤의 쉽고 재미있는 설명과 풍부한 예문을 편안하게 읽다 보면
영문법이 저절로 술술 이해가 되어요. 개념을 배울 때마다 퀴즈도 준비되어 있으니 실력이 늘지 않을 수가 없겠죠?

2단계

<머리에 콕콕>과 <문법 Talk>으로 핵심을 콕콕 다져요!

<머리에 콕콕>에서 문법 표를 완성하고 <문법 Talk>에는 고딸쌤과 함께 문법 대화를 나누며 핵심을 확인해 봐요.
꼭 알아야 할 것만 콕콕 정리하면 머릿속이 시원해집니다.

3단계

<매일 10문장>을 익히며 문법을 활용해요!

문법만 배우고 문장에 적용하지 못하면 아무 소용 없겠죠? 문법을 위한 공부가 아니라
실제 활용하기 위한 문법 공부! 문법을 문장에 적용해야 비로소 나의 것이 됩니다.

4단계

<복습 TEST>로 매일 전날 배운 내용을 복습해요!

문법을 배우고 복습하지 않으면 도루묵! 매 Unit마다 복습 문장 테스트가 준비되어 있어요.
전날 배운 내용을 복습하다 보면 문법이 저절로 오~~래 기억됩니다!

5단계

<종합 TEST>로 나의 실력을 점검해요!

배운 내용을 까먹을 때쯤 종합 TEST가 등장합니다. TEST문제를 풀고, 문장을 완성하며 나의 실력을 점검해요!
단 하나도 놓치지 않고 꼼꼼하게 문법 기초 마스터!

하루에 한 Unit씩 공부하면 **6주 완성**할 수 있어요!

1주차

| _____월 _____일 Unit 1. | _____월 _____일 Unit 2. | _____월 _____일 Unit 3. | _____월 _____일 Unit 4. | _____월 _____일 Unit 5. | _____월 _____일 Unit 6. | 쉬거나 밀린 Unit 공부하기 |

2주차

| _____월 _____일 Unit 7. | _____월 _____일 Unit 8. | _____월 _____일 Unit 9. | _____월 _____일 Unit 10. | _____월 _____일 Unit 11. | _____월 _____일 Unit 12. | 쉬거나 밀린 Unit 공부하기 |

3주차

| _____월 _____일 Unit 13. | _____월 _____일 Unit 14. | _____월 _____일 Unit 15. | _____월 _____일 Unit 16. | _____월 _____일 Unit 17. | _____월 _____일 Unit 18. | 쉬거나 밀린 Unit 공부하기 |

4주차

| _____월 _____일 Unit 19. | _____월 _____일 Unit 20. | _____월 _____일 Unit 21. | _____월 _____일 Unit 22. | _____월 _____일 Unit 23. | _____월 _____일 Unit 24. | 쉬거나 밀린 Unit 공부하기 |

5주차

| _____월 _____일 Unit 25. | _____월 _____일 Unit 26. | _____월 _____일 Unit 27. | _____월 _____일 Unit 28. | _____월 _____일 Unit 29. | _____월 _____일 Unit 30. | 쉬거나 밀린 Unit 공부하기 |

6주차

| _____월 _____일 Unit 31. | _____월 _____일 Unit 32. | _____월 _____일 Unit 33. | _____월 _____일 Unit 34. | _____월 _____일 Unit 35. | _____월 _____일 Unit 36. | 쉬거나 밀린 Unit 공부하기 |

목차

안녕하세요. 고딸입니다.
1권 공부 끝내고 2권을 시작하는 여러분들께 박수를 보냅니다.
짝짝짝!

영어는 어떻게 하면 잘할까요?

꾸준히 공부하는 것이 정답이에요. 영어는 언어이기 때문에 조금 공부한다고 눈에 띄게 실력이 늘지 않아요. 이때 조금 공부해 보고 '나는 영어는 해도 안 되나 보다'라고 금방 포기해 버리면 안 됩니다. 멈추지 말고 쭉 밀고 나가는 힘이 필요해요. 꾸준히 영어 공부에 시간을 투자해서 노력해야 합니다. 계속 공부하다 보면 임계치에 도달하고 영어가 편해지는 날이 반드시 옵니다.

회화를 잘 하고 싶은데 영문법 꼭 공부해야 하나요?

영어는 우리말과 구조가 완전히 다릅니다. 우리말은 '은/는/이/가'와 같은 조사가 발달을 했지만, 영어는 순서가 중요한 언어예요. 영어만이 가지는 규칙을 정리해 둔 것이 영문법인데요. 영문법을 알면 영어를 빨리 파악하고 구조 응용력이 생겨요. 단 문법을 문법으로만 끝내지 말고 문장에 적용시켜서 쓰고 말하는 연습을 반드시 해야 해요. 우리 책에는 각 Unit에 <매일 10문장> 코너가 있는데요. 10문장을 영어로 써보고 큰 소리로 따라 말해보세요. 영어가 입에 붙기 시작합니다.

영문법을 볼 때는 알겠는데 뒤돌아서면 잊어버려요.

너무 당연한 현상이에요. 한 번 보고 기억하면 천재! 인간의 뇌는 잘 쓰지 않는 정보는 스스로 망각해 버린 답니다. 우리의 뇌에 영문법이 중요한 정보라고 인식시키기 위해서는 보고 또 봐야 합니다. 야마구치 마유의 <7번 읽기 공부법>이라는 책에서는 독학해서 원하는 시험에 모조리 합격한 비법으로 7번 읽는 공부법을 소개하고 있는데요. 문법 공부도 마찬가지예요. 한 번 보고 모두 아는 것은 불가능해요. 가벼운 마음으로 여러 번 읽어야 뇌에 각인이 됩니다.

세상에서 제일 쉽고도 어려운 일은 꾸준히 하는 것이라는 말이 있죠.

꾸준히 하는 것이 얼마나 힘들면 순자는 성공이란 중단하지 않는데 달려있다고 했을까요. 영어 실력이라는 물이 끓을 때까지 멈추지 않고 공부하셔서 목표를 이루시길 진심으로 응원합니다.

영어 가르치는 게
제일 재미있어요!

고딸
고등어 집 딸내미

취미로
한국어 공부해요!

꿀먹보
뉴질랜드 사람, 고딸 남편

엄마, Daddy!
영문법이 궁금해요~

스텔라
고딸과 꿀먹보의 딸

고딸영문법

시제부터 의문문까지 개념 확장

Unit 1. be동사의 과거형

1. 현재시제와 과거시제란?

과거시제가 무엇인지 살펴볼게요.
먼저 다음 두 문장을 비교해 보세요.

> **1) 나는 가수이다.**
> **2) 나는 가수였다.**

두 문장 모두 비슷한데 끝만 다르죠?
1)은 '**~이다**' 2)는 '**~였다**'

이 작은 차이로 의미가 달라져요.
1) '**~이다**'라고 하면 **현재** 가수인 거고
2) '**~였다**'라고 하면 **옛날**에 가수였던 거예요.

이처럼 우리말에서 동사 모양이 조금 달라지면 시제가 달라지죠?
영어도 마찬가지예요.

> **1) I am a singer.** 나는 가수이다. [현재시제]
> **2) I was a singer.** 나는 가수였다. [과거시제]

1) be동사 **am**을 쓰면 **현재시제**이고요.
2) be동사 **was**를 쓰면 **과거시제**가 되어요.

따라서! 우리는 이런 결론을 내릴 수가 있어요.

> **동사의 모양이 바뀌면 시제가 달라진다!**

현재시제에서 be동사 삼총사를 기억하나요?

짠짠짠
우리를 벌써 잊으면
서운하죠~

am   are   is

이 삼총사가 **was, were**로 변신하면 **과거시제**가 되어요.

주어	현재형		과거형
I	am		was
You, 복수	are		were
3인칭 단수	is		was

현재일 때는 '**~이다, 있다**'라는 뜻이고

과거일 때는 '**~이었다, 있었다**'라는 뜻이 됩니다.

Quiz 1

다음 현재시제 문장을 과거시제로 만들 때 빈칸에 알맞은 말을 쓰세요.

1) I am a student. (나는 학생이다.)

I _____ a student. (나는 학생이었다.)

2) She is pretty. (그녀는 예쁘다.)

She _____ pretty. (그녀는 예뻤다.)

3) They are tired. (그들은 피곤하다.)

They _____ tired. (그들은 피곤했다.)

be동사 am과 is의 과거형은 was이고 are의 과거형은 were예요.   정답 1) was 2) was 3) were

3. be동사 과거형의 부정문, 의문문

be동사가 과거일 때 부정문과 의문문은 어떻게 만들까요?

어렵지 않아요.
1권에서 배운 내용 그대로 적용하면 됩니다. [1권 Unit 16]

부정문은 be동사 뒤에 not만 붙여요.

be동사 과거 부정문 (~아니었다 / 않았다 / 없었다)		**was / were + not**

과거시제로 '**~아니었다 / 않았다 / 없었다**'로 해석합니다.

의문문은 be동사를 문장 맨 앞으로 이동하고 물음표를 붙이면 됩니다.

be동사 과거 의문문 (~이었니? / 있었니?)		1단계) was / were를 맨 앞으로 이동 2단계) 물음표를 끝에 붙이기!

과거에 대한 질문이기 때문에 '**~이었니? / 있었니?**'로 해석해요.

Quiz 2

다음 문장을 부정문으로 만들어 보세요.

He was at the bus stop. (그는 버스 정거장에 있었다.)

_____

be동사 과거형 was에 not을 붙이면 부정문이 됩니다.
'그는 버스 정거장에 없었다.'라는 뜻이에요.   정답 He was not at the bus stop.

Quiz 3

다음 문장을 의문문으로 만들어 보세요.

They were firefighters. (그들은 소방관이었다.)

_____

be동사 과거형 were를 문장 맨 앞에 쓰고, 마지막에 물음표를 붙이면 됩니다.
'그들은 소방관이었니?'라는 뜻이에요.   정답 Were they firefighters?

여기서 한 가지 더 기억해야 할 점이 있어요.
<be동사의 과거형 + not>은 자주 줄여서 말해요.

was not = wasn't   were not = weren't

wasn't와 weren't의 형태까지 익혀두세요.

He was not at school.
= He wasn't at school. (그는 학교에 있지 않았다.)

They were not short.
= They weren't short. (그들은 키가 작지 않았다.)

4. be동사 과거형의 의문문 대답

be동사 과거형의 의문문에 대답하는 방법도
현재형과 규칙이 같아요.

다음과 같이 두 가지로 답을 할 수 있어요.

응 = Yes   **아니 = No**

긍정으로 답할 때는 <Yes, 대명사 주어 + was / were.>로 쓰고요.
부정으로 답할 때는 <No, 대명사 주어 + wasn't / weren't.>로 답해요.

예문에 적용해 볼게요.

Was he a doctor? (그는 의사였니?)

맞을 때는 **Yes, he was.** (응, 그는 그랬어.)
아닐 때는 **No, he wasn't.** (아니, 그는 그렇지 않았어.)로 답을 합니다.

Quiz 4

다음 질문에 알맞은 답을 고르세요.

Were you hungry? [너는 배가 고팠었니?]

① Yes, I am.   ② Yes, I was.   ③ No, I was.

긍정으로 답할 때는 'Yes, I was.'를 쓰고, No라고 답할 때는 'No, I wasn't.'로 써야 해요.   정답 ②

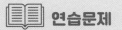

머리에 콕콕

다음 <보기>에서 알맞은 말을 골라 빈칸을 완성해 보세요.

보기
- was
- were
- wasn't

개념	형태	예
be동사 과거형	am, is → was are → ① _____	I was a student. (나는 학생이었다.)
부정문	was not(wasn't), were not(weren't)	He ② _____ at school. (그는 학교에 있지 않았다.)
의문문	Was / Were + 주어~ ?	Was she sad?(그녀는 슬펐니?)
의문문 대답	<Yes, 대명사 주어 + ③ _____ / were.> <No, 대명사 주어 + wasn't / weren't.>	No, she wasn't. (아니, 그녀는 그렇지 않았어.)

정답 ① were ② wasn't ③ was

문법 Talk

📶 고딸영문법2   100% 🔋

스텔라~ am과 is의 과거형은 뭘까?

was예요.

are의 과거형은?

were예요.

우와~ 잘했어! 짝짝짝
그러면 was와 were의 부정형은?

wasn't, weren't예요. 맞죠?

맞아~ 우리 딸 최고야! 👍

 **연습문제**

매일 10문장

[1-3] 다음 빈칸에 알맞은 be동사의 과거형을 쓰세요.

1. 나는 아팠다.　　　　　　　　I _____ sick.

2. 그녀는 과학자였다.　　　　　She _____ a scientist.

3. 그들은 어제 파티에 있었다.　They _____ at the party yesterday.

[4-6] 다음 문장을 과거형으로 바꿔 쓰세요.

4. Tom is angry.　　　　　　　_____

5. They are good friends.　　　_____

6. I am not sad.　　　　　　　_____

[7-10] 다음 우리말에 알맞도록 빈칸을 완성하세요.

7. 그는 도서관에 없었어.　　　　He _____ in the library.

8. 그것들은 고양이가 아니었어.　They _____ cats.

9. A: 당신은 변호사였나요?　　　A: _____ you a lawyer?

　　B: 네, 그랬어요.　　　　　　B: Yes, I was.

10. A: 그것들은 비쌌니?　　　　　A: Were they expensive?

　　B: 아니, 그렇지 않았어.　　　B: No, they _____.

[단어] 1. **sick** 아픈　2. **scientist** 과학자　4. **angry** 화난　7. **library** 도서관　9. **lawyer** 변호사　10. **expensive** 비싼

매일 10문장 함께 공부하면!
실력이 쑥쑥!

Unit 2. 일반동사의 과거형

1. 일반동사의 과거형이란?

일반동사를 과거형으로 만드는 방법을 공부할게요.
먼저 다음 두 문장을 비교해 봅시다.

> 1) **나는 열심히 일한다.**
> 2) **나는 열심히 일했다.**

두 문장의 차이점이 보이나요?
1)은 '**일한다**' 2)는 '**일했다**'

1) '**일한다**'라고 하면 평소에 일을 열심히 한다는 **현재** 사실을 나타내요.
2) '**일했다**'라고 하면 지금이 아닌 **과거** 이야기를 하는 거죠.

영어 문장으로 바꿔 볼게요.

> 1) **I work hard.** 나는 열심히 일한다. [현재시제]
> 2) **I worked hard.** 나는 열심히 일했다. [과거시제]

1) 일반동사 **work**를 쓰면 **현재시제**를 의미하고요.
2) 일반동사 뒤에 ed를 붙여서 **worked**라고 쓰면 **과거시제**를 의미해요.

> **일반동사에 ed를 붙이면 과거시제가 된다.**

이 법칙이 일반적으로 적용됩니다.

1. 일반동사의 과거형이란?

예를 들어 볼게요.

현재형		과거형	현재형		과거형
call(전화하다)	–	**called**(전화했다)	**jump**(뛰다)	–	**jumped**(뛰었다)
start(시작하다)	–	**started**(시작했다)	**wish**(소망하다)	–	**wished**(소망했다)

모두 동사에 ed를 붙였더니 과거시제가 되었죠?
예문으로 확인해 볼게요.

I visited my grandmother yesterday.
(나는 어제 할머니를 방문했다.)

동사 visit에 ed가 붙어있죠?
'방문했다'라는 뜻으로 과거시제를 의미해요.

visit(방문하다) – visited(방문했다)

아빠~ 일반동사의 과거시제에서도 주어가 3인칭인지 따져봐야 하나요?

아니야! 일반동사의 과거시제는 주어에 상관없이 그냥 동사에 ed를 붙이면 돼.

다음 괄호 안의 단어를 이용하여 과거시제 문장을 완성하세요.

1) I _____ TV last night. (watch)

(나는 어젯밤에 TV를 봤다.)

2) She _____ her homework. (finish)

(그녀는 그녀의 숙제를 끝냈다.)

3) He _____ some pasta. (cook)

(그는 파스타를 조금 요리했다.)

모두 동사 뒤에 ed만 붙이면 과거형이 됩니다. 1) watch(보다) – watched(봤다)
2) finish(끝내다) – finished(끝냈다) 3) cook(요리하다) – cooked(요리했다)   정답 1) watched 2) finished 3) cooked

다음 중 과거시제로 쓴 문장을 모두 골라보세요.

1) I opened the door.
2) He passed the exam.
3) She talks quietly.

정답은? 바로 **1)번**과 **2)번** 문장이에요.

1) '나는 문을 열었다.' open 다음에 **ed**가 붙어 있으니 **과거시제**예요.
2) '그는 시험에 합격했다.' pass 다음에 **ed**를 붙였으니 **과거시제**예요.
3) '그녀는 조용히 말한다.' talk 다음에 **s**가 붙어있죠?
현재시제에서 주어가 3인칭 단수일 때 동사에 s를 붙여요.

이처럼 동사를 보면 문장의 시제를 파악할 수 있어요!

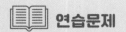

머리에 콕콕 〔Unit 2.〕

다음 <보기>에서 알맞은 말을 골라 빈칸을 완성해 보세요.

보기	개념	규칙 & 예
• wished • started • ed • start	일반동사 과거형	대부분의 경우 일반동사 뒤에 ① _____를 붙임 예) call(전화하다) - called(전화했다) ② _____ (시작하다) - ③ _____ (시작했다) jump(뛰다) - jumped(뛰었다) wish(소망하다) - ④ _____ (소망했다)

정답 ① ed ② start ③ started ④ wished

문법 Talk

매일 10문장

[1-3] 다음 문장이 현재시제와 과거시제 중 무엇인지 쓰세요.

1. 나는 돈을 좀 필요로 한다.　　I need some money.　　_____

2. 그는 밤에 TV를 본다.　　He watches TV at night.　　_____

3. 우리는 큰 집을 원했다.　　We wanted a big house.　　_____

[4-6] 다음 중 우리말에 알맞도록 올바른 것을 고르세요.

4. 그는 8시에 일을 시작한다.　　He (starts / started) work at 8:00.

5. 그녀는 집에 걸어갔다.　　She (walks / walked) home.

6. 너는 매우 높이 뛰었다.　　You (jump / jumped) so high.

[7-10] 다음 괄호 안의 동사를 과거형으로 바꿔 빈칸을 완성하세요.

7. 나의 아빠는 부엌을 청소하셨다.　　My dad _____ the kitchen. (clean)

8. 그녀는 어제 그녀의 프로젝트를 끝마쳤다.　　She _____ her project yesterday. (finish)

9. 우리는 큰 소리로 웃었다.　　We _____ loudly. (laugh)

10. 나는 나의 손을 씻었다.　　I _____ my hands. (wash)

[단어]　3. **want** 원하다　4. **work** 일　7. **clean** 청소하다　8. **project** 프로젝트
　　　9. **laugh** 웃다 **loudly** 큰 소리로　10. **wash** 씻다

[복습] 빈칸에 알맞은 be동사 과거형을 넣어 문장을 완성해 보세요.

1. 나는 아팠다.　　I _____ sick.

2. 그들은 어제 파티에 있었다.　　They _____ at the party yesterday.

3. 그는 도서관에 없었어.　　He _____ in the library.

4. 그것들은 고양이가 아니었어.　　They _____ cats.

5. 그것들은 비쌌니?　　_____ they expensive?

Unit 3. 일반동사 과거형 만드는 방법

지금까지 **과거시제**를 나타낼 때 **일반동사에 ed**를 붙이는 법칙을 공부했어요.
그런데 예외가 있어요.
모든 동사에 무조건 ed를 붙이는 것이 아니라 동사에 따라 방법이 조금 달라져요.
3가지 규칙을 더 소개할게요.

1. e로 끝나는 동사 + d

e로 끝나는 동사는 e가 이미 있으니까 ed가 아니라 **d**만 붙여요.

현재형		과거형	현재형		과거형
live(살다)	–	**lived**(살았다)	**bake**(굽다)	–	**baked**(구웠다)
love(사랑하다)	–	**loved**(사랑했다)	**dance**(춤추다)	–	**danced**(춤췄다)
smile(미소 짓다)	–	**smiled**(미소 지었다)			

모두 e로 끝나는 동사들이죠? 맨 끝에 d만 붙인 것을 확인하세요.

Quiz 1

다음 괄호 안의 단어를 이용하여 과거시제 문장을 완성하세요.

1) I _____ in Yeosu last year. (live)

(나는 작년에 여수에 살았다.)

2) She _____. (smile)

(그녀는 미소 지었다.)

1) live는 e로 끝나는 동사이기 때문에 d를 붙여서 과거형을 만들어요.
2) smile도 e로 끝나는 동사이기 때문에 과거형으로 d만 붙입니다.   정답 1) lived 2) smiled

---

우리 예전에 y의 성격에 대해 배웠죠? [1권 Unit 3 & Unit 17]

기억나요!
y는 끝에만 있는걸
좋아하죠?

맞아~ 그래서
이번에도 y에 그냥
ed를 붙일 수 없어.

맨 끝만 좋아하는 **y는 i로 변신하고 ed**를 붙여요.

현재형		과거형
cry(울다)	–	**cried**(울었다)
study(공부하다)	–	**studied**(공부했다)
try(노력하다)	–	**tried**(노력했다)

모두 y로 끝나는 동사들이니까 y를 i로 고치고 ed를 붙였어요.

여기서 하나 더!
y가 모음 친구하고 딱 붙어 있으면 고집을 부리지 않죠?
<모음 + y>는 과거형 만들 때는 **그냥 ed**만 붙여요.

현재형		과거형
stay(머무르다)	–	**stayed**(머물렀다)
enjoy(즐기다)	–	**enjoyed**(즐겼다)
play(놀다)	–	**played**(놀았다)

y앞에 모두 모음(a, e, i, o, u)이 있는 것을 확인하세요.

다음 괄호 안의 단어를 이용하여 과거시제 문장을 완성하세요.

1) **The baby _____ loudly. (cry)**

(그 아기는 큰 소리로 울었다.)

2) **He _____ the party. (enjoy)**

(그는 파티를 즐겼다.)

1) cry는 y로 끝나는 동사이기 때문에 y를 i로 바꾸고 ed를 붙여요.
2) enjoy는 y로 끝나지만 모음 o와 함께 있기 때문에 그대로 ed만 붙입니다.

정답 1) cried 2) enjoyed

3. 단모음 + 단자음

동사가 **모음 하나, 자음 하나**로 끝나는 경우,
ed를 붙이면 끝자음은 **쌍둥이**가 됩니다.

현재형		과거형
drop(떨어뜨리다)	**-**	**dropped**(떨어뜨렸다)
plan(계획하다)	**-**	**planned**(계획했다)
stop(멈추다)	**-**	**stopped**(멈췄다)

1) drop은 모음 o 다음에 자음 p가 있죠?
따라서 ed를 붙일 때 p가 **pp로 쌍둥이**가 되었어요.

2) plan은 모음 a 다음에 자음 n이 나왔어요.
과거형을 만들 때 n은 **nn으로 쌍둥이**가 됩니다.

3) stop은 모음 o 다음에 자음 p가 나왔어요.
과거형을 만들 때 p가 **pp로 쌍둥이**가 되었어요.

다행히 이런 동사들은 많지 않으니까
일단 위의 단어들만 기억해두면 됩니다.

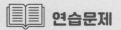

머리에 콕콕

Unit 3.

다음 <보기>에서 알맞은 말을 골라 빈칸을 완성해 보세요.

보기	일반동사의 과거형 만드는 법칙	예
▪ i ▪ 모음 ▪ d ▪ stopped	e로 끝나는 동사 + ① _____	live(살다) - lived(살았다)
	y로 끝나는 동사는 y를 ② _____ 로 고치고 + ed 단, <③ _____ + y>로 끝나는 동사 + ed	cry(울다) - cried(울었다) stay(머무르다) – stayed(머물렀다)
	<단모음 + 단자음>으로 끝나는 동사는 자음을 한 번 더 쓰고 + ed	stop(멈추다) – ④ _____ (멈췄다)

정답 ① d ② i ③ 모음 ④ stopped

문법 Talk

Unit 3.

매일 10문장

[1-3] 다음 중 우리말에 알맞도록 올바른 것을 고르세요.

1. 나는 축구를 좋아한다. I (like / liked) soccer.

2. 그들은 프랑스에 살았다. They (live / lived) in France.

3. 우리는 중국어를 공부했다. We (study / studied) Chinese.

[4-10] 다음 괄호 안의 동사를 과거형으로 바꿔 빈칸을 완성하세요.

4. 우리는 호텔에 머물렀다. We _____ at a hotel. (stay)

5. 그 아기는 많이 울었다. The baby _____ a lot. (cry)

6. 나는 나의 폰을 떨어뜨렸다. I _____ my phone. (drop)

7. 엄마는 빵을 조금 구웠다. My mom _____ some bread. (bake)

8. 눈이 어젯밤에 멈췄다. The snow _____ last night. (stop)

9. 그는 나에게 미소 지었다. He _____ at me. (smile)

10. 메이슨은 기타를 연주했다. Mason _____ the guitar. (play)

[단어] 2. **France** 프랑스 3. **Chinese** 중국어 4. **stay** 머물다 6. **drop** 떨어뜨리다
7. **bake** 굽다 8. **last night** 어젯밤 9. **smile** 미소 짓다

Unit 2 복습 TEST

[복습] 괄호 안의 단어를 활용하여 과거시제 문장을 완성해 보세요.

1. 우리는 큰 집을 원했다. We _____ a big house. (want)

2. 그녀는 집에 걸어갔다. She _____ home. (walk)

3. 너는 매우 높이 뛰었다. You _____ so high. (jump)

4. 나의 아빠는 부엌을 청소하셨다. My dad _____ the kitchen. (clean)

5. 나는 나의 손을 씻었다. I _____ my hands. (wash)

지금까지 동사를 과거형으로 만드는 법을 배웠죠?
이번 Unit에서는 동사의 3단 변화형이
무엇인지 살펴볼게요.

1. 동사의 3단 변화형이란?

영문법에서는 동사의 형태를 3가지로 구분하고
이를 **동사의 3단 변화형**이라고 불러요.

1) 동사원형	2) 과거형	3) 과거분사형
fry	fried	fried
튀기다	튀겼다	튀긴

1) **동사원형**은 **fry**처럼 동사에 아무것도 붙이지 않은 **원래 형태 그대로**를 의미해요.
2) **과거형**은 **과거를 나타낼 때** 동사의 형태! fry에 ed를 붙인 **fried**가 과거형이에요.
3) **과거분사형**은 과거형 **fried**하고 똑같이 생겼죠? 그런데 뜻과 역할이 달라요.
더 이상 '~다'로 끝나는 동사 역할이 아니라 **형용사 역할**을 해요.

```
fried chicken (튀긴 닭고기)
```

여기서 fried는 '튀긴'이란 뜻으로 명사 chicken을 꾸미죠?
형용사 역할을 하고 있으니 **과거분사**예요.

과거분사(p.p.)
동사가 과거스럽게 분장을 하고
주로 형용사 역할을 하는 것

어때요? 조금 헷갈리죠?
과거분사는 나중에 따로
현재완료, 수동태, 분사 구문 공부할 때 자세히 다룰 테니 걱정하지 마세요.

기초 단계에서는
과거분사가 주로 **형용사 역할**을 한다는 것과
past participle(과거분사)를 줄여서 **p.p.**라고 부르는 것까지만 알아두세요.

2. 불규칙 동사의 3단 변화

동사의 3단 변화형을 공부할 때
우리 머리를 아프게 하는 것은 바로 **불규칙 동사의 3단 변화형**이에요.

규칙을 따르는 경우는
동사원형에 **ed**만 붙이면 **과거형** 또는 **과거분사형**이 되었지만
불규칙은 완전히 다른 형태로 바뀌어요.

1) 동사원형	2) 과거형	3) 과거분사형
break	broke	broken
부러지다, 깨지다	부러졌다, 깨졌다	부러진, 깨진

동사 **break**의 **과거형**은 ed를 붙이지 않고 **broke**가 됩니다.
과거분사형은 과거형과 똑같지 않고 **broken**이라고 써요.

a broken leg (부러진 다리)

그럼 본격적으로 불규칙 동사의 3단 변화형을 외워볼까요?
정말 꼭 알아야 하는 동사 60개를 정리해 봤어요.

절대 한 번에 다 외울 수는 없어요!
부담 갖지 말고 편안한 마음으로 여러 번 반복해 보세요.

불규칙 동사
3단 변화형 외우기

1) A-B-C 형태
동사원형, 과거형, 과거분사형이 다 달라요~

	A 동사원형	B 과거형	C 과거분사형
1	begin(시작하다)	began	begun
2	break(부수다)	broke	broken
3	choose(고르다)	chose	chosen
4	do(하다)	did	done
5	drink(마시다)	drank	drunk
6	drive(운전하다)	drove	driven
7	eat(먹다)	ate	eaten
8	fly(날다)	flew	flown
9	forget(잊다)	forgot	forgotten
10	give(주다)	gave	given
11	go(가다)	went	gone
12	grow(자라다)	grew	grown
13	hide(숨기다)	hid	hidden
14	know(알다)	knew	known
15	ride(타다)	rode	ridden
16	see(보다)	saw	seen
17	show(보여주다)	showed	shown
18	sing(노래하다)	sang	sung
19	speak(말하다)	spoke	spoken
20	steal(훔치다)	stole	stolen
21	swim(수영하다)	swam	swum
22	take(가지고 가다)	took	taken
23	throw(던지다)	threw	thrown
24	wear(입다)	wore	worn
25	write(쓰다)	wrote	written

2) A-B-A 형태

동사원형과 과거분사형이 같아요.

	A 동사원형	B 과거형	A 과거분사형
26	become(되다)	became	become
27	come(오다)	came	come
28	run(달리다)	ran	run

3) A-B-B 형태

과거형과 과거분사형이 같아요.

	A 동사원형	B 과거형	B 과거분사형
29	bring(가져오다)	brought	brought
30	build(짓다)	built	built
31	buy(사다)	bought	bought
32	catch(잡다)	caught	caught
33	feed(먹이다)	fed	fed
34	feel(느끼다)	felt	felt
35	fight(싸우다)	fought	fought
36	have(가지다)	had	had
37	hear(듣다)	heard	heard
38	hold(잡다)	held	held
39	keep(지키다)	kept	kept
40	leave(떠나다)	left	left
41	lose(잃다)	lost	lost
42	make(만들다)	made	made
43	meet(만나다)	met	met
44	pay(지불하다)	paid	paid
45	say(말하다)	said	said
46	sell(팔다)	sold	sold
47	sit(앉다)	sat	sat
48	sleep(잠자다)	slept	slept
49	spend(소비하다)	spent	spent
50	stand(서다)	stood	stood
51	teach(가르치다)	taught	taught
52	tell(말하다)	told	told
53	think(생각하다)	thought	thought
54	win(이기다)	won	won

4) A-A-A 형태

동사원형, 과거형, 과거분사형이 모두 같아요! 기억하기 쉽겠죠?

	A 동사원형	A 과거형	A 과거분사형	
55	cut(자르다)	cut	cut	
56	hit(치다)	hit	hit	
57	hurt(다치게 하다)	hurt	hurt	
58	read(읽다)	read	read	
59	let(시키다)	let	let	
60	put(놓다)	put	put	

58번 read는 동사원형, 과거형, 과거분사형 형태는 모두 똑같지만 발음은 달라요.
[리드] – [레드] – [레드]로 읽어야 합니다.

Quiz 1

다음 동사의 과거형과 과거분사형을 쓰세요.

1) **do**(하다)   - _____ - _____

2) **cut**(자르다)   - _____ - _____

3) **see**(보다)   - _____ - _____

4) **know**(알다)   - _____ - _____

5) **run**(달리다)   - _____ - _____

6) **say**(말하다)   - _____ - _____

7) **sell**(팔다)   - _____ - _____

8) **meet**(만나다)   - _____ - _____

9) **teach**(가르치다) - _____ - _____

10) **go**(가다)   - _____ - _____

정답 1) did, done 2) cut, cut 3) saw, seen 4) knew, known 5) ran, run
6) said, said 7) sold, sold 8) met, met 9) taught, taught 10) went, gone

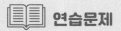 **연습문제**

머리에 콕콕

Unit 4. 다음 <보기>에서 알맞은 말을 골라 빈칸을 완성해 보세요.

보기
- 과거형
- 동사원형
- 과거분사형

3단 변화형	뜻	예
① _____	동사의 원래 형태	break(부러지다, 깨지다)
② _____	과거시제를 나타냄	broke(부러졌다, 깨졌다)
③ _____	동사가 형용사 역할을 함	broken(부러진, 깨진)

정답 ① 동사원형 ② 과거형 ③ 과거분사형

문법 Talk

매일 10문장

[1-3] 다음 중 우리말에 알맞도록 올바른 것을 고르세요.

1. 나는 매일 아침 일찍 일어난다.　　I (get / got) up early every morning.

2. 그는 어젯밤에 에세이를 썼다.　　He (writes / wrote) an essay last night.

3. 그들은 피자를 먹었다.　　They (eat / ate) pizza.

[4-10] 다음 괄호 안의 동사를 과거형으로 바꿔 빈칸을 완성하세요.

4. 나는 어제 밀라를 보았다　　I _____ Mila yesterday. (see)

5. 우리는 점심을 같이 먹었다.　　We _____ lunch together. (have)

6. 그는 어젯밤에 책 한 권을 읽었다. He _____ a book last night. (read)

7. 나의 아빠는 집에 늦게 오셨다.　　My dad _____ home late. (come)

8. 나는 오늘 아침에 샤워를 했다.　　I _____ a shower this morning. (take)

9. 잭은 어제 자전거를 탔다.　　Jack _____ a bike yesterday. (ride)

10. 그녀는 드레스를 입었다.　　She _____ a dress. (wear)

[단어]　1. **every morning** 매일 아침　2. **essay** 에세이, 수필
　　　　8. **take a shower** 샤워를 하다　9. **ride** 타다　10. **wear** 입다

[복습] 괄호 안의 단어를 활용하여 문장의 빈칸을 완성해 보세요.

1. 그들은 프랑스에 살았다.　　They _____ in France. (live)

2. 우리는 호텔에 머물렀다.　　We _____ at a hotel. (stay)

3. 나는 나의 폰을 떨어뜨렸다.　　I _____ my phone. (drop)

4. 눈이 어젯밤에 멈췄다.　　The snow _____ last night. (stop)

5. 메이슨은 기타를 연주했다.　　Mason _____ the guitar. (play)

Unit 5. 일반동사 과거시제의 부정문, 의문문 만들기!

현재시제에서 일반동사의 부정문과 의문문 만드는 방법이 익숙하다면
과거시제도 쉬워요.
헷갈리시는 분들은 1권 Unit 18과 19를 복습하고 오세요.

1. 일반동사의 과거시제 부정문

일반동사 과거시제의 부정문은요.
주어에 상관없이 무조건 did not의 도움을 받아요.

| 일반동사 과거
부정문
(~하지 않았다) | ⇒ | 1단계) 동사 앞에 did not 쓰기
2단계) 동사원형 썼는지 확인 |

did not의 줄임형은 didn't예요.
그리고 did not 뒤에는 꼭 동사원형을 써야 해요.

did not(= didn't) + 동사원형

현재시제에서는
don't와 doesn't를
골라 쓰는 것이 머리
아팠는데 과거시제는
오히려 간단하네요~

맞아~ 과거시제는
그냥 didn't만
쓰면 된단다~

예문을 볼게요.

1) **He played soccer.** (그는 축구를 했다.)
2) **He didn't play soccer.** (그는 축구를 하지 않았다.)

2) 부정문을 쓸 때 didn't의 도움을 받았고요.
didn't 다음에는 played가 아니라 **play**로 **동사원형**을 써야 하는 것도 기억하세요.

Quiz 1

다음 문장을 부정문으로 만들어 보세요.

She taught English. (그녀는 영어를 가르쳤다.)

= _____

일반동사 과거시제의 부정문을 만들 때는 일반동사 앞에 didn't를 써줍니다.
그리고 뒤에는 taught가 아니라 동사원형인 teach를 써야 해요.
'그녀는 영어를 가르치지 않았다.'라는 뜻이 됩니다.   정답 She didn't teach English.

Quiz 2

다음 주어진 문장을 부정문으로 바르게 바꾼 것을 고르세요.

He had breakfast this morning.

① He didn't had breakfast this morning.

② He didn't have breakfast this morning.

③ He doesn't have breakfast this morning.

He had breakfast this morning. (그는 오늘 아침에 아침을 먹었다)로 과거시제를 나타내는 문장을
부정문으로 바꾸는 문제예요. 일반동사 앞에 didn't를 써주고 뒤에는 had의 동사원형 have를 쓰면 됩니다.
'그는 오늘 아침에 아침을 먹지 않았다.'라는 뜻이 됩니다.   정답 ②

2. 일반동사의 과거시제 의문문

일반동사 과거시제의 의문문을 만드는 방법도 어렵지 않아요.
Did를 문장 맨 앞에 붙이고 일반동사는 **동사원형**으로 쓰고
물음표만 붙이면 돼요.

일반동사
과거시제 의문문!
나를 믿어!

**일반동사 과거
의문문**

(~했니?)

1단계) 문장 맨 앞에 Did 쓰기

2단계) 동사원형 썼는지 확인

3단계) 물음표 붙이기

예문을 볼게요.

She bought a car. (그녀는 차를 샀다.)

Did she buy a car? (그녀는 차를 샀니?)

의문문을 만들 때 **Did**를 **문장 맨 앞**에 썼고요.
bought는 buy의 과거형이므로
동사원형으로 buy를 쓰고
마지막에 **물음표**를 붙였어요.

다음 문장을 의문문으로 만들어 보세요.

She wrote the letter. (그녀가 그 편지를 썼다.)

= _____

일반동사 과거시제의 의문문을 만들 때는 문장 맨 앞에 Did를 씁니다. 그리고 주어 뒤에는
wrote가 아니라 동사원형인 write를 써야 해요. '그녀가 그 편지를 썼니?'라는 뜻이 됩니다. 정답 Did she write the letter?

다음 주어진 문장을 의문문으로 바르게 바꾼 것을 고르세요.

He caught a fish.

① Does he catch a fish?

② Did he caught a fish?

③ Did he catch a fish?

He caught a fish. (그는 물고기 한 마리를 잡았다.)로 caught는 catch의 과거형으로 과거시제를 나타내는
문장이에요. 과거시제 의문문을 만들 때는 문장 맨 앞에 Did를 씁니다. 그리고 주어 뒤에는 caught의
동사원형인 catch를 써야 합니다. '그가 물고기 한 마리를 잡았니?'라는 뜻이 됩니다. 정답 ③

다음 밑줄 친 부분을 바르게 고친 후 전체 문장을 쓰세요.

Did you <u>saw</u> a doctor?

= _____

Did로 시작하는 의문문에는 동사원형을 써야 합니다. saw의 동사원형은 see입니다.
'너는 병원에 갔니?'라는 뜻입니다. 정답 Did you see a doctor?

불규칙 동사 때문에
동사원형 쓰는 게
맨날 헷갈려요 ㅠㅠ

불규칙 3단 변화형(29쪽)을
보고 또 보다 보면
익숙해질 거야.

3. 일반동사 과거시제의 의문문 대답

일반동사 과거시제의 의문문은요!
'~했니?'라고 물어보기 때문에 두 가지로 답할 수 있어요!

> **음 = Yes**

> **아니 = No**

긍정으로 답할 때는 **<Yes, 대명사 주어 + did.>** 로 쓰고요.
부정으로 답할 때는 **<No, 대명사 주어 + didn't.>** 로 답해요.

예문을 볼게요.

누구야!!!!!!

Did you break the window? (네가 창문을 깼니?)
Yes, I did. (네, 그랬어요.)
No, I didn't. (아니요, 안 그랬어요.)

Quiz 6

다음 빈칸에 알맞은 말을 쓰세요.

A: Did he like the movie?

B: No, he _____.

A: 그는 그 영화를 좋아했니? B: 아니, 그렇지 않았어. Did로 물어보니 과거에 대한 질문이죠?
부정으로 답을 할 때는 <No, 대명사 주어 + didn't.>라고 해야 해요.

정답 didn't

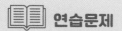 연습문제

Unit 5. 머리에 콕콕

다음 <보기>에서 알맞은 말을 골라 빈칸을 완성해 보세요.

보기	개념	규칙	예
• did • didn't • 동사원형	일반동사 과거 부정문	did not(didn't) + ① _____ : ~하지 않았다	He didn't play soccer. (그는 축구를 하지 않았다.)
	일반동사 과거 의문문	Did + 주어 + 동사원형~?: ~했니?	② _____ she buy a car? (그녀는 차를 샀니?)
	의문문 대답	<Yes, 대명사 주어 + did.> <No, 대명사 주어 + ③ _____ .>	Yes, I did. (응, 나는 그랬어.)

정답 ① 동사원형 ② Did ③ didn't.

문법 Talk

매일 10문장

[1-4] 다음 문장을 주어진 형태로 바꿔 쓰세요.

1. I saw Jane last night.　　[부정문]　_____

2. He drove his car.　　[부정문]　_____

3. She bought a computer.　　[의문문]　_____

4. They went to school.　　[의문문]　_____

[5-8] 다음 문장에서 밑줄 친 부분을 바르게 고치세요.

5. I didn't <u>met</u> him last weekend.　　_____

6. We didn't <u>had</u> enough time.　　_____

7. Did you <u>did</u> your homework?　　_____

8. Did she <u>reads</u> my letter?　　_____

[9-10] 다음 빈칸에 알맞은 말을 쓰세요.

9. A: Did you sleep well?　　B: Yes, I _____.

10. A: Did he find his wallet?　　B: No, he _____.

[단어] 2. **drove** 운전했다 [**drive** 운전하다]　4. **went** 갔다 [**go** 가다]　5. **weekend** 주말
　　　 6. **enough** 충분한　8. **letter** 편지　9. **well** 잘　10. **find** 찾다 **wallet** 지갑

[복습] 괄호 안의 단어를 활용하여 과거시제 문장을 완성해 보세요.

1. 그는 어젯밤에 에세이를 썼다.　　He _____ an essay last night. (write)

2. 나는 어제 밀라를 보았다.　　I _____ Mila yesterday. (see)

3. 나의 아빠는 집에 늦게 오셨다.　　My dad _____ home late. (come)

4. 나는 오늘 아침에 샤워를 했다.　　I _____ a shower this morning. (take)

5. 그녀는 드레스를 입었다.　　She _____ a dress. (wear)

Unit 6. 미래시제 will

1. 미래시제 will이란?

미래시제는 언제 쓸까요?
아직 하지 않았지만 마음만 먹은 일,
즉 **아직 일어나지 않은 일**에 대해 말할 때 **미래시제**를 써요.

> 1) **나는 열심히 공부한다.**
> 2) **나는 열심히 공부할 것이다.**

1) **'공부한다'**라고 하면 **현재** 평소에 열심히 공부를 한다는 거죠?
2) **'공부를 할 것이다'**라고 하면 앞으로 마음먹은 일!
즉 **미래**에 대해 이야기하고 있어요.

그럼 미래시제는 어떻게 쓸까요?
동사 앞에 **will(~할 것이다)**만 써주면 됩니다.

> 미래는
> 내가 담당해!

will이 미래형을 만드는 것을 도와주기 때문에
그 다음에는 **동사원형**을 씁니다.

> ### will + 동사원형: ~할 것이다

1. 미래시제 will이란?

그럼 앞에서 본 예문을 영어로 바꿔 볼게요.

---

1) **I study hard.** 나는 열심히 공부한다. [현재시제]

2) **I will study hard.** 나는 열심히 공부할 것이다. [미래시제]

---

1)은 그냥 study(공부하다)라고 썼으니 현재시제예요.
2)는 study 앞에 will이 있죠? 바로 미래시제입니다.

그럼 다음 문장을 미래시제로 바꿔 볼까요?

I am here.

(나는 여기에 있어.)

<will + 동사원형>으로 쓰면 **미래시제!**
will부터 쓰고요.
be동사 am, are, is의 **동사원형**인 **be**를 써줍니다.

I will be here. (나는 여기에 있을 것이다.)

Quiz 1

다음 문장을 will을 이용하여 미래시제로 만들어 보세요.

She washes her car. (그녀는 세차를 한다.)

= _____

동사원형 앞에 will을 쓰면 미래시제가 돼요. washes의 동사원형은 wash입니다.
'그녀는 세차를 할 것이다.'라는 뜻이 됩니다.

정답 She will wash her car.

한 가지 더 알아야 할 점!

주어가 인칭대명사인 경우, 그 다음에 will을 쓰면 줄여서 말해요.

I will = I'll   We will = We'll   You will = You'll

He will = He'll   She will = She'll   They will = They'll

회화에서는 자주 줄여서 말하니 꼭 기억해 두세요!

2. will 부정문

미래 부정문은 will 다음에 not을 쓰면 됩니다.

will not: ~하지 않을 것이다

예문을 볼게요.

He will help you. (그는 너를 도와줄 것이다.)

He will not help you. (그는 너를 도와주지 않을 것이다.)

will 뒤에 **not**을 붙이니 부정문이 되었죠?

will not은 **won't**로 줄여서 쓸 수가 있어요.

will not = won't

Quiz 2

다음 문장을 부정문으로 만들어 보세요.

I will sleep early tonight. (나는 오늘 밤에 일찍 잘 것이다.)

= _____

will이 있는 문장의 부정문은 will 다음에 not만 붙이면 됩니다. will not의
줄임형은 won't예요. '나는 오늘 밤에 일찍 자지 않을 것이다.'라는 뜻이 되어요.   정답 I will not[won't] sleep early tonight.

3. will 의문문

will이 있는 문장에서 의문문은 어떻게 만들까요?

| will 의문문
(~할 거니?) | | 1단계) 문장 맨 앞에 Will 쓰기
2단계) 동사원형 썼는지 확인
3단계) 물음표 붙이기 |

예문을 봅시다.

They will play tennis.
(그들은 테니스를 칠 것이다.)

Will they play tennis?
(그들은 테니스를 칠 거니?)

Will이 문장 맨 앞에 있으면 의문문이 됩니다.
주어 다음에 play라고 **동사원형**을 쓴 것도 꼭 확인하세요.

Quiz 3

다음 문장을 의문문으로 만들어 보세요.

He will come here. (그는 여기로 올 것이다.)

= _____

will만 문장 맨 앞에 써주면 됩니다. '그는 여기로 올 거니?'라는 뜻이 되어요.
물음표도 잊지 마세요!

정답 Will he come here?

---

will로 시작하는 의문문에 대한 대답은
will을 이용하면 됩니다.

긍정으로 답할 때는 **<Yes, 주어 + will.>**
부정으로 답할 때는 **<No, 주어 + won't.>**라고 해요.

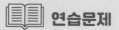

머리에 콕콕

Unit 6.

다음 <보기>에서 알맞은 말을 골라 빈칸을 완성해 보세요.

보기	개념	규칙	예
• won't • will • 동사원형	will	will + ① _____ : ~할 것이다	I will study hard. (나는 열심히 공부할 것이다.)
		줄임형) I will = I'll, We will = We'll, You will = You'll 등등	I'll help you. (내가 너를 도와줄 것이다.)
	미래 부정문	will not(=won't): ~하지 않을 것이다.	He ② _____ come here. (그는 여기로 오지 않을 것이다.)
	미래 의문문과 대답	Will + 주어 + 동사원형~?: ~할 거니? <Yes, 대명사 주어 + ③ _____.> <No, 대명사 주어 + won't.>	Will they play tennis? (그들은 테니스를 칠 거니?) Yes, they will. (응, 그들은 그럴 거야.)

정답 ① 동사원형 ② won't ③ will

문법 Talk

매일 10문장 Unit 6.

[1-6] 다음 중 우리말에 알맞도록 올바른 것을 고르세요.

1. 나는 저녁을 만들 것이다. I (make / will make) dinner.

2. 내일 비가 올 것이다. It (rains / will rain) tomorrow.

3. 그는 너에게 이메일을 보낼 것이다. He will (send / sends) you an email.

4. 그녀는 내년에 멕시코에 있을 것이다. She'll (is / be) in Mexico next year.

5. 나는 그것에 대해 이야기하지 않을 것이다. I (will / will not) talk about that.

6. 그들은 나를 믿지 않을 것이다. They (will / won't) believe me.

[7-8] 다음 문장을 주어진 형태로 바꿔 쓰세요.

7. I will be busy. [부정문] _____

8. Anna will go shopping. [의문문] _____

[9-10] 다음 빈칸에 알맞은 말을 쓰세요.

9. A: Will they arrive soon? B: Yes, they _____.

10. A: Will he leave tomorrow? B: No, he _____.

[단어] 2. **rain** 비가 오다 3. **send** 보내다 6. **believe** 믿다 8. **go shopping** 쇼핑하러 가다
9. **arrive** 도착하다 **soon** 곧 10. **leave** 떠나다

[복습] 밑줄 친 부분을 바르게 고치세요.

1. 그는 어젯밤에 제인을 보지 않았어. He <u>doesn't</u> see Jane last night. _____

2. 그녀는 컴퓨터를 샀니? Did she <u>buys</u> a computer? _____

3. 나는 지난 주말에 그를 만나지 않았어. I didn't <u>met</u> him last weekend. _____

4. 너는 너의 숙제를 했니? Did you <u>did</u> your homework? _____

5. 그는 그의 지갑을 찾았니? Did he <u>found</u> his wallet? _____

Unit 7. 미래시제 be going to

1. be going to란?

미래시제를 만들 때
will말고 또 쓸 수 있는 표현이 한 가지가 더 있어요.

> ## be going to: ~할 예정이다 / ~할 것이다

will과 be going to는 둘 다 미래를 나타내는데요.
be going to는 주로 **미리 예정된 일**에 대해 말할 때 써요.

둘의 차이는 나중에 고급 문법에서 자세히 다룰 텐데요.
일단 기초 단계에서는 will과 **be going to** 모두
미래를 나타내는 말이라고 기억합시다.

> ### I will read this book. (나는 이 책을 읽을 것이다.)
> ### I am going to read this book. (나는 이 책을 읽을 것이다.)

둘 다 미래를 나타내는 문장이에요.

아빠, 그런데 왜
be going to가 아니라
am going to로
썼어요?

여기서 be는
be동사를 의미해.
주어 I와 짝꿍인
be동사 am을 썼어.

be going to를 쓸 때 주의할 점 두 가지!

첫째, 주어가 be동사를 결정한다.

be going to에서 be동사는
주어가 무엇인지 잘 따져서 써야 해요.

1) **I am going to see a doctor.** (나는 병원에 갈 것이다.)

2) **They are going to play basketball.** (그들은 농구를 할 예정이다.)

3) **She is going to do her homework.** (그녀는 그녀의 숙제를 할 것이다.)

1)은 주어가 I이므로 be동사 **am**을 썼고요.
2)는 주어가 They로 **복수**이니까 be동사 **are**를 썼고요.
3)은 주어가 She로 **3인칭 단수**이니까 be동사 **is**를 썼어요.

Quiz 1

다음 빈칸에 알맞은 be동사를 쓰세요.

It _____ going to rain this afternoon.

(오늘 오후에 비가 내릴 것이다.)

주어가 It으로 3인칭 단수이기 때문에 be동사는 is를 씁니다.   정답 is

둘째, to 다음에는 동사원형을 쓴다.

He is going to makes some salad. X

He is going to make some salad. O

(그는 샐러드를 만들 것이다.)

be going to 다음에 makes를 쓰면 안돼요.
to 다음에 꼭 동사원형을 써야 합니다.

Quiz 2

다음 주어진 단어를 바르게 배열해서 문장을 완성하세요.

그는 그의 집을 팔 것이다. (is / he / his house / sell / to / going)

= _____

'~할 것이다'라는 미래를 나타내기 때문에 be going to를 사용합니다.
주어가 He로 3인칭 단수이므로 be동사 is를 썼어요.

정답 He is going to sell his house.

2. be going to 부정문과 의문문 만들기

be going to에는 be동사가 있죠?
따라서, be동사의 부정문과 의문문 만드는 법칙이 똑같이 적용되어요.

be going to 부정문 (~하지 않을 것이다)		be동사 + not + going to

| be going to 의문문
(~할 거니?) | | 1단계) be동사를 문장 맨 앞으로 이동!
2단계) 물음표를 끝에 붙이기! |

예문을 함께 볼게요.

He is going to wash the dishes. (그는 설거지를 할 것이다.)
[부정문] **He is not going to wash the dishes.** (그는 설거지를 하지 않을 것이다.)
[의문문] **Is he going to wash the dishes?** (그는 설거지를 할 거니?)

부정문을 만들 때는 **is** 다음에 **not**을 쓰고
의문문 만들 때는 **Is**를 **문장 맨 앞**에 쓰고 맨 끝에 물음표를 붙여요.

Quiz 3

다음 문장을 부정문과 의문문으로 만들어 보세요.

She is going to write a book. (그녀는 책을 쓸 것이다.)

1) 부정문 _____

2) 의문문 _____

부정문은 is 다음에 not을 붙이면 됩니다. '그녀는 책을 쓰지 않을 것이다.'라는 뜻이에요.
의문문은 Is만 문장 맨 앞에 쓰고 문장 마지막에는 물음표를 붙입니다. '그녀는 책을 쓸 것이니?'라는 뜻입니다.

정답 1) She is not[isn't] going to write a book. 2) Is she going to write a book?

머리에 콕콕

> Unit 7.

다음 <보기>에서 알맞은 말을 골라 빈칸을 완성해 보세요.

보기
▪ not
▪ is
▪ 동사원형

개념	규칙	예
be going to	be going to + ① _____ : ~할 예정이다 / ~할 것이다	He is going to make some salad. (그는 샐러드를 조금 만들 것이다.)
미래 부정문	be + ② _____ + going to + 동사원형: ~하지 않을 것이다	He isn't going to sell his house. (그는 그의 집을 팔지 않을 것이다.)
미래 의문문	Be + 주어 + going to + 동사원형~ ?: ~할 것이니?	③ _____ she going to wash the dishes? (그녀는 설거지를 할 거니?)

정답 ① 동사원형 ② not ③ Is

문법 Talk

📶 고딸영문법2   100% 🔋

> 엄마~ be going to는 무슨 뜻이에요?

> '~할 예정이다 / ~할 것이다' 처럼 미래를 나타내는 말이야.

> be going to의 부정문과 의문문도 알아야 하죠? ㅠ

> 응~ 그런데 다행히 어렵지 않아.

> be going to의 be는 be동사라서 be동사의 부정문과 의문문을 만드는 것과 똑같아.

> 아하~ be동사만 생각하니 간단하네요 ㅋㅋㅋ

➕   😊 #

📖 연습문제

매일 10문장 (Unit 7.)

[1-5] 다음 중 우리말에 알맞도록 올바른 것을 고르세요.

1. 나는 코트를 살 예정이야. I (buy / am going to buy) a coat.

2. 그녀는 목욕을 할 거야. She (are / is) going to take a bath.

3. 그들은 오늘 밤에 영화를 볼 거야. They are going to (watch / watches) a movie tonight.

4. 나는 늦지 않을 거야. I'm not going to (am / be) late.

5. 너는 방과 후에 농구할 거니? (Am / Are) you going to play basketball after school?

[6-7] 다음 문장을 주어진 형태로 바꿔 쓰세요.

6. She is going to call you. [부정문] _____

7. It is going to be cold tonight. [의문문] _____

[8-10] 다음 주어진 단어를 바르게 배열하세요.

8. 그들은 다음 주에 결혼할 거야. (are / going / they / marry / to / next week)

   _____

9. 그는 스테이크를 먹지 않을 거야. (not / he's / to / eat steak / going)

   _____

10. 그녀는 올해 졸업할 예정이니? (going / is / graduate / this year / she / to)

   _____

[단어] 2. **take a bath** 목욕하다 4. **late** 늦은 5. **after school** 방과 후 6. **call** 전화하다 10. **graduate** 졸업하다 **this year** 올해

[복습] 우리말과 일치하도록 밑줄 친 부분을 바르게 고치세요.

1. 나는 저녁을 만들 것이다. I will <u>makes</u> dinner. _____

2. 내일 비가 올 것이다. It will <u>rains</u> tomorrow. _____

3. 나는 그것에 대해 이야기하지 않을 것이다. I <u>will</u> talk about that. _____

4. 나는 바쁘지 않을 것이다. I won't <u>is</u> busy. _____

5. 그들은 곧 도착할 거니? <u>Did</u> they arrive soon? _____

Unit 6 복습 TEST

지금까지 현재, 과거, 미래시제를 공부했는데요.
각 시제를 비교해서 정리해보는 시간을 가져 볼게요.

1. 영어 시제 정리

먼저, 다음 두 문장을 이용하여
빈칸을 완성해 보세요.
미래시제 칸에는 will을 써서 만들어 보세요.

		be동사	일반동사
현재	평서문	1) He **is** hungry.	10) He **lives** in Seoul.
	부정문	2)	11)
	의문문	3)	12)
과거	평서문	4)	13)
	부정문	5)	14)
	의문문	6)	15)
미래	평서문	7)	16)
	부정문	8)	17)
	의문문	9)	18)

엄마,
쓰기 귀찮아요 ㅠㅠ
꼭 다 써봐야 해요?

총 18문장! 다 쓰면
지금까지 배운 내용이
딱 정리될 거야.

그럼 정답 확인!

		be동사	일반동사
현재	평서문	1) He **is** hungry. (그는 배가 고프다.)	10) He **lives** in Seoul. (그는 서울에 산다.)
	부정문	2) He **isn't** hungry. (그는 배가 고프지 않다.)	11) He **doesn't** live in Seoul. (그는 서울에 살지 않는다.)
	의문문	3) **Is** he hungry? (그는 배가 고프니?)	12) **Does** he live in Seoul? (그는 서울에 사니?)
과거	평서문	4) He **was** hungry. (그는 배가 고팠다.)	13) He **lived** in Seoul. (그는 서울에 살았다.)
	부정문	5) He **wasn't** hungry. (그는 배가 고프지 않았다.)	14) He **didn't** live in Seoul. (그는 서울에 살지 않았다.)
	의문문	6) **Was** he hungry? (그는 배가 고팠니?)	15) **Did** he live in Seoul? (그는 서울에 살았니?)
미래	평서문	7) He **will** be hungry. (그는 배고플 것이다.)	16) He **will** live in Seoul. (그는 서울에 살 것이다.)
	부정문	8) He **won't** be hungry. (그는 배고프지 않을 것이다.)	17) He **won't** live in Seoul. (그는 서울에 살지 않을 것이다.)
	의문문	9) **Will** he be hungry? (그가 배가 고플까?)	18) **Will** he live in Seoul? (그는 서울에 살 거니?)

어때요? 그동안 우리가 다 공부했던 내용이죠?

7), 8) will 다음에 is의 동사원형으로 **be**를 잘 썼는지
11) 일반동사 **현재시제**의 부정문에는 **doesn't**를 쓰고
14) 일반동사 **과거시제** 부정문에는 **didn't**를 잘 썼는지도 확인하세요.

그렇다면 지금까지 배운
현재시제, 과거시제, 미래시제
어떻게 구분해서 써야 할까요?

먼저, 현재시제는요~

현재시제
① 현재 사실　② 불변의 진리　③ 반복 동작

예문과 함께 볼게요.

1) **I like dogs.** (나는 개들을 좋아한다.)

2) **The moon goes around the earth.** (달은 지구 주위를 돈다.)

3) **I walk to school.** (나는 학교에 걸어간다.)

1) 개를 좋아하는 것은 **현재의 사실**을 나타내니 **현재시제**로 써요.

2) 달이 지구 주위를 도는 것은 **불변의 진리**.
이 밖에도 '물은 100도씨에서 끓는다.'와 같은
과학적인 사실과 속담은 항상 **현재형**으로 써요.

3) 학교에 걸어가는 것은 **자주 반복되는 일**이죠? 따라서 **현재형**으로 써요.
습관적으로 하는 일들도 현재형으로 씁니다.

그럼 과거시제는 언제 쓸까요?

과거시제
① 과거 사실 ② 역사

1) **It was cold yesterday.** (어제는 추웠다.)
2) **The Korean War broke out in 1950.** (한국 전쟁은 1950년에 일어났다.)

1) **어제 일어난 일**은 과거이니까 과거형으로 써요.
2) **역사**는 과거의 기록이니까 당연히 과거.

과거시제는요. 과거를 나타내는 단서들과 같이 많이 써요.

과거를 나타내는 말
yesterday(어제) **last night**(어젯밤)
last year(작년) **ago**(~전에) **in** + 연도 (~에) 등등

Quiz 1

다음 빈칸에 알맞은 동사를 고르세요.

I _____ to Busan in 2019.

① go ② went

'in 2019'에 집중! 2019년에 일어난 일에 대해서 말하고 있죠? 따라서 동사는 go의 과거형인
went를 써야 해요. '나는 2019년에 부산에 갔다.'라는 뜻이에요.   정답 ②

그럼 미래시제는 언제 쓸까요?

미래에 대한 추측이나 계획, 예정, 결심 등을 말할 때 쓰죠.

> # 미래시제
> ## 앞으로 일어날 일

미래시제를 쓸 때는
미래를 나타내는 표현들과 종종 같이 써요.

> # 미래를 나타내는 말
> **tomorrow**(내일) **next week**(다음 주) **next year**(내년) 등등

자, 이제까지 현재, 과거, 미래시제의 쓰임에 대해 정리해 보았어요.
그럼, 동사 eat을 변형해서 다음 빈칸을 완성해 보세요.

> **1)** She _____ an apple every morning.
> **2)** She _____ _____ an apple tomorrow.
> **3)** She _____ an apple last night.

1) She **eats** an apple every morning. (그녀는 매일 아침 사과 한 개를 먹는다.)
every morning 매일 아침마다 반복되는 동작이니까 **현재시제**로 써야 해요.

2) She **will eat** an apple tomorrow. (그녀는 내일 사과 한 개를 먹을 것이다.)
tomorrow는 내일! 아직 일어나지 않은 일이니 **미래시제**로 써야 해요.
will eat 대신에 is going to eat을 써도 됩니다.

3) She **ate** an apple last night. (그녀는 어젯밤에 사과 한 개를 먹었다.)
last night은 어젯밤을 의미하니 과거이죠? 따라서 **과거시제**로 써야 합니다.

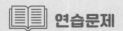

연습문제

머리에 콕콕

Unit 8.

다음 <보기>에서 알맞은 말을 골라 빈칸을 완성해 보세요.

보기
- yesterday
- 역사
- tomorrow
- 반복

시제	규칙	예
현재 시재	1) 현재 사실 2) 불변의 진리 3) ① _____ 동작	I like dogs. (나는 개들을 좋아한다.)
과거 시제	1) 과거 사실 2) ② _____	It was cold yesterday. (어제는 추웠다.)
	과거를 나타내는 말 ③ _____(어제), last night(어젯밤), last year(작년), ago(~전에), in + 연도(~에) 등등	I went to Busan in 2019. (나는 2019년에 부산에 갔다.)
미래 시제	앞으로 일어날 일	I will go home. (나는 집에 갈 것이다.)
	미래를 나타내는 말 ④ _____(내일), next week(다음 주), next year(내년) 등등	She will leave Korea tomorrow. (그녀는 내일 한국을 떠날 것이다.)

정답 ① 반복 ② 역사 ③ yesterday ④ tomorrow

문법 Talk

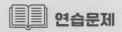

매일 10문장

Unit 8.

[1-3] 다음 괄호 안의 동사를 활용하여 빈칸을 완성하세요.

1. 물은 100도씨에서 끓는다. Water _____ at 100℃. (boil)

2. 콜럼버스는 1492년에 미대륙을 발견했다.

   Columbus _____ America in 1492. (discover)

3. 에이미는 보통 아침에 달리기를 한다. Amy usually _____ in the morning. (run)

[4-6] 다음 중 올바른 것을 고르세요.

4. Tim (didn't / won't) go to school yesterday.

5. She (was / will be) angry last night.

6. I (watch / watched) a documentary last week.

[7-10] 다음 <보기>에서 알맞은 말을 골라 빈칸을 완성하세요.

보기	yesterday	went	will go	tomorrow

7. She is going to play baseball _____.

8. I lost my phone _____.

9. I _____ to Japan in 2019.

10. They _____ to England next year.

[단어] 1. **boil** 끓다 2. **discover** 발견하다 6. **documentary** 다큐멘터리 8. **lost** 잃어버렸다 [**lose** 잃어버리다]

Unit 7 복습 TEST

[복습] 문장의 빈칸을 완성해 보세요.

1. 나는 코트를 살 예정이야. I _____ going to buy a coat.

2. 그녀는 목욕을 할 거야. She is _____ to take a bath.

3. 나는 늦지 않을 거야. I'm not going _____ be late.

4. 그는 스테이크를 먹지 않을 거야. He _____ going to eat steak.

5. 그녀는 올해 졸업할 예정이니? _____ she going to graduate this year?

Unit 9. 종합 TEST

A. 다음 문제를 풀어 보세요.

[1-3] 다음 빈칸에 알맞은 말을 고르세요.

1

> He _____ sick last week.

① is   ② was

③ were   ④ will be

2

> She _____ her room last night.

① clean   ② cleans

③ cleaned   ④ will clean

3

> I _____ you an email tomorrow.

① send   ② sends

③ sent   ④ will send

4 다음 중 동사의 과거형이 잘못된 것을 고르세요.

① think – thought

② carry - carried

③ drive - drove

④ write – writed

5 다음 두 문장이 같은 뜻이 되도록 빈칸을 완성하세요.

> I will watch a movie.
>
> = I'm _____ _____ watch a movie.

[6-7] 다음 괄호 안의 단어를 활용하여 빈칸을 완성하세요.

6

> 나는 어제 그를 보았다.
>
> I _____ him yesterday. (see)

7

> 비가 어젯밤에 멈췄다.
>
> The rain _____ last night. (stop)

8 다음 빈칸에 들어갈 말이 <u>다른</u> 하나를 고르세요.

① She _____ going to study English.

② _____ he going to come back?

③ They _____ going to swim.

④ Sam _____ not going to dance.

9 다음 밑줄 친 부분이 올바르지 <u>않은</u> 것을 고르세요.

① He won't <u>study</u> Japanese.

② She didn't <u>break</u> the window.

③ Did you <u>went</u> to see a doctor?

④ Will she <u>be</u> at home this afternoon?

10 다음 우리말과 일치하도록 빈칸을 완성하세요.

> 그녀는 피아노를 연주할 거니?
>
> _____ she _____ _____ play the piano?

B. 다음 문장 빈칸을 완성해 보세요.

1 그녀는 과학자였다.   She _____ a scientist.

2 너는 매우 높이 뛰었다.   You _____ so high.

3 그들은 프랑스에 살았다.   They _____ in France.

4 그들은 피자를 먹었다.   They _____ pizza.

5 우리는 충분한 시간이 없었다.   We _____ have enough time.

6 그들은 나를 믿지 않을 것이다.   They _____ not believe me.

7 나는 코트를 살 예정이야.   I am _____ to buy a coat.

8 그녀는 어젯밤에 화가 났다.   She _____ angry last night.

9 너는 잠을 잘 잤니?   _____ you sleep well?

10 그들은 학교에 갔니?   Did they _____ to school?

C. 다음 밑줄 친 부분을 바르게 고쳐 보세요.

1 그들은 좋은 친구들이었다.   They <u>was</u> good friends. _____

2 나는 나의 손을 씻었다.   I <u>wash</u> my hands. _____

3 우리는 호텔에 머물렀다.   We <u>stay</u> at a hotel. _____

4 잭은 어제 자전거를 탔다.   Jack <u>ride</u> a bike yesterday. _____

5 너는 내 편지를 읽었니?   <u>Does</u> you read my letter? _____

6 그들은 곧 도착할 거니?   <u>Did</u> they arrive soon? _____

7 그녀는 너에게 전화하지 않을 거야.   She isn't going to <u>calls</u> you. _____

8 나는 어제 나의 폰을 잃어버렸다.   I <u>lose</u> my phone yesterday. _____

9 그는 어젯밤에 에세이를 썼다.   He <u>writes</u> an essay last night. _____

10 나는 오늘 아침에 샤워를 했다.   I <u>take</u> a shower this morning. _____

고딸영문법

시제부터 의문문까지 개념 확장

1. 현재와 현재진행의 차이는?

우리 앞에서 현재시제는
① 현재 사실 ② 불변의 진리 ③ 반복 동작을
나타낼 때 쓴다고 했죠?

지금 발생하고 있는 일을
생생하게 묘사할 때는
현재시제가 아니라 **현재진행시제**를 써요.

현재시제하고
현재진행시제가
달라요?ㅠ

달라.
'~하고 있는 중이다'로
해석하면 진행이야.

두 상황을 비교해 볼게요.

상황 1)

넌 학교에
어떻게 와?

걸어 다녀.

I walk to school. (나는 학교에 걸어 다닌다.)

'걸어 다닌다'라고 하면 그냥 일상적으로 반복되는 일에 대해
말하는 것이기 때문에 **현재시제**를 사용해야 해요.

상황 2)

아침에 학교에 걸어가고 있어요.

그때 친구에게 전화가 옵니다.

지금 뭐 해?

학교에 걸어가고
있는 중이야.

I'm walking to school. (학교에 걸어가고 있는 중이야.)

현재의 동작을 생생하게 말할 때는 현재시제가 아니라
'~하고 있는 중이다'를 의미하는 **현재진행형**을 써야 해요.

2. 현재진행형의 형태

그럼 현재진행형의 형태는 뭘까요?

현재진행(~하고 있는 중이다)
be동사 + 일반동사ing

<be동사 + 일반동사ing>가
하나의 세트로 진행을 나타내요.

이때 주의할 점!
be동사는 주어에 따라 am, are, is를 다르게 써야 합니다.

2. 현재진행형의 형태

그럼 현재진행형을 만들어보는 연습을 해볼게요.

I _____ _____ TV. (watch)

(나는 TV를 보고 있는 중이다.)

진행형의 형태는 **<be동사 + 일반동사ing>**라고 했죠?
I와 어울리는 be동사는 am이고요. 동사 watch에 ing를 붙이면 됩니다.

I am watching TV.

일상 대화에서는 I am을 I'm으로 줄여서 **I'm** watching TV.라고해요.

She _____ _____ the piano. (play)

(그녀는 피아노를 연주하고 있는 중이야.)

She와 어울리는 be동사는 is
동사 play에 ing를 붙이면 현재진행형이 됩니다.

She is playing the piano.
(=She's playing the piano.)

다음 중 현재진행형으로 바르게 쓴 문장을 고르세요.

① She sings.　② She singing.　③ She is singing.

현재진형형은 <be동사 + 일반동사ing>형태로 써야 해요. ①은 현재형이고
②는 be동사가 없기 때문에 잘못된 문장입니다.　　　　　　　　　정답 ③

다음 빈칸에 cook을 활용하여 빈칸을 완성하세요

He _____ _____. (그는 요리하고 있는 중이다.)

'~하고 있는 중이다'로 진행을 나타낼 때는 <be동사 + 일반동사ing>로 씁니다.
주어가 He로 3인칭 단수이기 때문에 be동사 is를 써야 해요.
그리고 일반동사 cook에 ing를 붙이면 cooking이 됩니다.　　　　　정답 is cooking

여기서 한 가지 더 알아야 할 것이 있어요.
모든 동사를 진행형으로 만들 수는 없어요.

눈에 생생하게 보이게 묘사할 수 있는 동작을 나타낼 때만 진행형으로 써요.
'사랑하다', '좋아하다', '가지고 있다'처럼
동작이 아닌 **상태를 보여주는 동사**들은 진행형으로 쓰지 않아요.

I like you. O

I'm liking you. X

(나는 너를 좋아해.)

'좋아하다'는 동작이 아니라 마음의 상태이므로 진행형을 쓰지 않습니다.

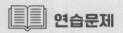

연습문제

Unit 10.

머리에 콕콕

다음 <보기>에서 알맞은 말을 골라 빈칸을 완성해 보세요.

보기
▪ watching
▪ is
▪ be동사

개념	규칙	예
현재 진행 시제	뜻: ~하고 있는 중이다 ① _____ + 일반동사ing	I am ② _____ TV. (나는 TV를 보고 있는 중이다.) She ③ _____ playing the piano. (그녀는 피아노를 치고 있는 중이다.)
주의	상태를 보여주는 동사는 진행형으로 쓰지 않음	I'm liking you. (X) I like you. (O) (나는 너를 좋아한다.)

정답 ① be동사 ② watching ③ is

문법 Talk

매일 10문장

[1-4] 다음 중 우리말과 일치하도록 올바른 것을 고르세요.

1. 그녀는 나를 도와주고 있는 중이야.   She (helps / is helping) me.

2. 아기는 지금 자고 있는 중이야.   The baby is (sleep / sleeping) now.

3. 그들은 음악을 듣고 있는 중이야.   They (is / are) listening to music.

4. 우리는 잡지를 읽고 있는 중이야.   We're (read / reading) a magazine.

[5-7] 다음 괄호 안의 단어를 활용하여 빈칸을 완성하세요.

5. 나는 커피를 마시고 있는 중이야.   I _____ _____ coffee. (drink)

6. 그는 사무실에서 일하고 있는 중이야.   He's _____ at the office. (work)

7. 우리는 그림을 그리고 있는 중이야.   We _____ _____ pictures. (draw)

[8-10] 다음 우리말에 알맞도록 밑줄 친 부분을 바르게 고치세요.

8. 그는 그의 개를 찾고 있는 중이야.   He is <u>look</u> for his dog.   _____

9. 그녀는 루크에게 이야기하고 있는 중이야.   She's <u>talk</u> to Luke.   _____

10. 나는 집으로 걸어가고 있는 중이야.   I <u>are</u> walking home.   _____

[단어] 3. **listen to** ~을 듣다 4. **magazine** 잡지 6. **office** 사무실 7. **draw** 그리다 8. **look for** ~을 찾다

[복습] 올바른 것을 고르세요.

1. 물은 100도씨에서 끓는다.   Water (boils / boiled) at 100℃.

2. 팀은 어제 학교에 가지 않았다.   Tim (doesn't / didn't) go to school yesterday.

3. 그녀는 내일 야구를 할 것이다.   She (plays / is going to play) baseball tomorrow.

4. 나는 어제 나의 폰을 잃어버렸다.   I (lose / lost) my phone yesterday.

5. 그들은 내년에 영국에 갈 것이다.   They (went / will go) to England next year.

우리 현재진행형은
<be동사 + 일반동사ing>라고 공부했죠?

일반동사에 무조건 ing를 붙이면 너무 좋을 텐데요.
모양이 살짝 달라지는 3가지 경우를 소개할게요.

1. 자음 + e로 끝나는 동사

동사가 자음 다음에 e로 끝나면 **e를 없애고** ing를 붙여요.

1) **come**(오다) — **coming**   2) **make**(만들다) — **making**

3) **take**(가지고 가다) — **taking**   4) **write**(쓰다) — **writing**

모두 e로 끝나는 동사들이죠?
e를 없애고 ing를 붙였어요.

나는
빠이빠이~

다음 빈칸에 take를 활용하여 빈칸을 완성하세요.

He _____ _____ **a shower.** (그는 샤워하고 있는 중이다.)

'~하고 있는 중이다'로 진행을 나타낼 때는 <be동사 + 일반동사ing>로 씁니다.
주어가 He로 3인칭 단수이기 때문에 be동사 is를 써야 해요. 그리고 일반동사 take는
e로 끝나기 때문에 e를 없애고 ing를 붙여서 taking이 되어요.   정답 is taking

2. 단모음 + 단자음으로 끝나는 동사

동사가 모음 하나 + 자음 하나로 끝나면
끝 자음이 쌍둥이가 되어요.

1) **cut**(자르다) **-** **cutting**   **2)** **sit**(앉다)   **-** **sitting**

3) **run**(달리다) **-** **running**   **4)** **swim**(수영하다) **-** **swimming**

1) cut은 모음 u와 자음 t로 끝나기 때문에 자음이 쌍둥이가 되어 **cutting**이에요.

2) sit은 모음 i와 자음 t로 끝나는 단어이니 쌍둥이가 되어 **sitting**이에요.

3) run은 모음 u와 자음 n로 끝나는 단어죠?

쌍둥이 법칙 적용! **running**이 됩니다.

4) swim은 모음 i와 자음 m으로 끝나는 단어. 쌍둥이가 되어 **swimming**이 됩니다.

아빠~ 쌍둥이 법칙 어디서 들어 본 거 같아요!

우리 일반동사 과거형 만들 때도 쌍둥이 법칙 배웠지?

Quiz 2

다음 빈칸에 swim을 활용하여 빈칸을 완성하세요.

She _____ _____. (그녀는 수영하고 있는 중이야.)

주어가 She로 3인칭 단수이기 때문에 be동사 is를 써야 해요. 일반동사 swim에 ing를 붙일 때
swim이 모음 i와 자음 m으로 끝나기 때문에 swimming이 됩니다.   정답 is swimming

ie로 끝나는 동사는 ie를 y로 바꾸고 ing를 붙여요.

1) die(죽다) **- dying**   **2) lie**(눕다) **- lying**   **3) tie**(묶다) **- tying**

뭔가 복잡하죠?
ing는 모음 i로 시작하는데 그 앞에 ie 모음이 또 있는 걸 싫어해요.
ie를 없애고 y로 흔적을 남긴다고 생각하세요.

난 ie보다
y를 좋아해.

1) die에서 ie는 y로 변신하고 ing를 붙이면 **dying**이 되고요.
2) lie에서 ie는 y로 변신하고 ing를 붙이면 **lying**이 되어요.
3) tie에서 ie는 y로 변신하고 ing를 붙이면 **tying**이 됩니다.

엄마~ 외울 게 너무
많으니깐
영어가 싫어져요.

걱정하지 마. ie로 끝나는
동사는 거의 없어.
일단 이 셋만
기억해도 충분해.

Quiz 3

다음 빈칸에 lie을 활용하여 빈칸을 완성하세요.

I _____ _____ on the sofa. (나는 소파에 누워있어.)

'~하고 있는 중이다'로 진행을 나타낼 때는 <be동사 + 일반동사ing>로 씁니다. 주어가 I이기 때문에
be동사 am을 써야 해요. 일반동사 lie에 ing를 붙이면 ie가 y로 변신해서 lying이 됩니다.

정답 am lying

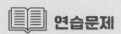

머리에 콕콕

Unit 11.

다음 <보기>에서 알맞은 말을 골라 빈칸을 완성해 보세요.

보기	일반동사 + ing의 형태	예
• cutting • y • e	<자음 + e>로 끝나는 동사는 ① _____ 를 없애고 + ing	come(오다) - coming
	<단모음 + 단자음>으로 끝나는 동사는 자음을 한 번 더 쓰고 + ing	cut(자르다) - ② _____
	ie로 끝나는 동사는 ie를 ③ _____ 로 바꾸고 + ing	die(죽다) - dying

정답 ① e ② cutting ③ y

문법 Talk

Unit 11.

매일 10문장

[1-3] 다음 중 우리말에 알맞도록 올바른 것을 고르세요.

1. 그녀는 사진을 찍고 있는 중이야.   She's (took / taking) photos.

2. 그 개는 수영하고 있는 중이야.   The dog is (swim / swimming).

3. 그는 바닥에 누워있는 중이야.   He's (lies / lying) on the floor.

[4-7] 다음 괄호 안의 단어를 활용하여 빈칸을 완성하세요.

4. 그는 소설을 쓰고 있는 중이야.   He's _____ a novel. (write)

5. 나의 고양이는 책장 위에 앉아 있는 중이야.

   My cat _____ _____ on the bookshelf. (sit)

6. 그들은 달리고 있는 중이야.   They _____ _____. (run)

7. 그녀는 신발 끈을 묶고 있는 중이야.   She's _____ her shoelaces. (tie)

[8-10] 다음 밑줄 친 부분이 맞으면 O, 틀리면 X를 하고 바르게 고치세요.

8. 그는 나무를 베고 있는 중이야.   He is <u>cut</u> down the tree. _____

9. 우리는 책상을 만들고 있는 중이야.   We are <u>made</u> a desk. _____

10. 그들은 지금 춤을 추고 있는 중이야.   They are <u>dancing</u> now. _____

[단어] 3. **floor** 바닥 4. **novel** 소설 5. **bookshelf** 책장 7. **shoelace** 신발 끈 8. **cut down** 베다

[복습] 문장의 빈칸을 완성해 보세요.

1. 그녀는 나를 도와주고 있는 중이야.   She _____ _____ me. (help)

2. 그들은 음악을 듣고 있는 중이야.   They _____ _____ to music. (listen)

3. 나는 커피를 마시고 있는 중이야.   I'm _____ coffee. (drink)

4. 우리는 그림을 그리고 있는 중이야.   We _____ _____ pictures. (draw)

5. 그는 그의 개를 찾고 있는 중이야.   He's _____ for his dog. (look)

1. 현재진행형의 부정문

현재진행의 부정문 만드는 방법은 간단해요.
현재진행형 **<be동사 + 일반동사ing>**에 be동사가 있죠?

be동사 부정문 만들 때처럼
be동사 뒤에 not만 붙이면 됩니다.

be동사 + not + 일반동사ing
: ~하고 있는 중이 아니다

예문을 볼게요.

He isn't studying. (그는 공부하고 있는 중이 아니야.)

isn't는 is not의 줄임형이죠?
be동사 뒤에 not만 붙이면 부정문이 되어요.

Quiz 1

다음 문장을 부정문으로 만들 때 빈칸을 완성하세요.

She is reading a book. (그녀는 책을 읽고 있는 중이다.)

[부정문] **She _____ reading a book.**

현재진행형의 부정문은 be동사 다음에 not만 붙이면 돼요. '그녀는 책을 읽고 있는 중이 아니다.'라는 뜻이 됩니다.   정답 isn't

2. 현재진행형의 의문문

현재진행의 의문문 만드는 방법도
be동사의 의문문 만드는 방법하고 똑같아요.
be동사만 문장 맨 앞에 쓰고 물음표를 붙이면 됩니다.

> ### Be동사 + 주어 + 일반동사ing~?
> : ~하고 있는 중이니?

Are you waiting for a bus? (너는 버스를 기다리고 있는 중이니?)

be동사 Are를 맨 앞에 썼죠?
뒤에는 그대로 주어와 일반동사ing 형태로 써주면 됩니다.

Quiz 2

다음 문장을 의문문으로 만들 때 빈칸을 완성하세요.

They are having lunch. (그들은 점심을 먹고 있는 중이다.)

[의문문] _____ **they having lunch?** (그들은 점심을 먹고 있는 중이니?)

현재진행형의 의문문은 be동사만 문장 맨 앞에 쓰면 됩니다.   정답 Are

다음 문제를 풀어봅시다.
다음 빈칸에는 어떤 말을 써야 할까요?

_____ she playing tennis?

① Does ② Is

Does를 쓸지 Is를 쓸지 헷갈린다고요?
playing에 집중해 보세요.
play에 ing가 붙어 있죠?
그렇다면 **<be동사 + 일반동사ing>** 현재진행이에요.
따라서 Is를 써야 합니다.

Is she playing tennis? (그녀는 테니스를 치고 있는 중이니?)

그럼 만약 Is가 아니라 Does를 쓰고 싶다면
어떤 문장을 만들 수 있을까요?

Does she play tennis? (그녀는 테니스를 치니?)

Does는 일반동사 의문문 만들 때 도와주는 말이죠?
따라서 Does 뒤에는 **동사원형**으로 **play**를 써야 해요.
평소에 테니스를 치는지 묻는 문장이 됩니다.

[현재진행] **be동사 + 주어 + 일반동사ing~?** (~하고 있는 중이니?)
[현재] **Do / Does + 주어 + 동사원형~?** (~하니?)

현재진행시제와 현재시제 의문문의 차이를 꼭 구분해서 알아두세요.

Q. 현재진행하고 과거진행은 뭐가 다르나요?

둘 다 진행을 나타내고 **<be동사 + 일반동사ing>**로 형태가 같아요.

단, **현재진행**은 **지금 하고 있는 일**을 묘사하기 때문에
be동사를 현재형으로 **am, are, is**를 쓰고
과거진행은 **과거에 하고 있었던 일**을 묘사하기 때문에
be동사 과거형 **was, were**를 써요.

현재진행(~하고 있는 중이다): **am / are / is + 일반동사ing**
과거진행(~하고 있는 중이었다): **was / were + 일반동사ing**

예문을 보며 비교해 볼게요.

1) **I'm working.** (나는 일하고 있는 중이야.)
2) **I was working.** (나는 일하고 있는 중이었어.)

1)은 **현재** 사무실에 일하고 있는 중일 때 쓰고 **be동사**는 **현재형 am**을 썼어요.
2)는 **과거**에 일하고 있는 중이었던 상황을 설명하는 문장으로
be동사는 **과거형 was**를 썼어요.

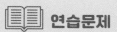 **연습문제**

 연습문제

머리에 콕콕

Unit 12.

다음 <보기>에서 알맞은 말을 골라 빈칸을 완성해 보세요.

보기	개념	규칙	예
• be동사 • not • isn't	현재진행 부정문	뜻: ~하고 있는 중이 아니다 형태: be동사 + ① _____ + 일반동사ing	She ② _____ reading a book. (그녀는 책을 읽고 있는 중이 아니다.)
	현재진행 의문문	뜻: ~하고 있는 중이니? 형태: ③ _____ + 주어 + 일반동사ing~?	Are they having lunch? (그들은 점심을 먹고 있는 중이니?)

정답 ① not ② isn't ③ be동사

문법 Talk

Unit 12.

매일 10문장

[1-4] 다음 문장을 주어진 형태로 바꿔 쓰세요.

1. He is washing the dishes. [부정문] _____

2. The baby is crying. [부정문] _____

3. It is raining. [의문문] _____

4. She is cleaning the kitchen. [의문문] _____

[5-8] 다음 문장에서 밑줄 친 부분을 바르게 고치세요.

5. She isn't <u>drive</u>. _____

6. <u>Does</u> he teaching now? _____

7. He isn't <u>talk</u> on the phone. _____

8. Are you <u>wear</u> a raincoat? _____

[9-10] 다음 주어진 단어를 바르게 배열하세요.

9. 그들은 요리하고 있는 중이 아니야. (are / they / not / cooking)

_____

10. 그는 노래를 부르고 있는 중이니? (he / singing / is)

_____

[단어] 1. **wash the dishes** 설거지하다 7. **talk on the phone** 통화하다 8. **raincoat** 비옷

[복습] 괄호 안의 단어를 활용하여 문장의 빈칸을 완성해 보세요.

1. 그녀는 사진을 찍고 있는 중이야. She's _____ photos. (take)

2. 그 개는 수영하고 있는 중이야. The dog _____ _____. (swim)

3. 그는 소설을 쓰고 있는 중이야. He's _____ a novel. (write)

4. 그들은 달리고 있는 중이야. They _____ _____. (run)

5. 우리는 책상을 만들고 있는 중이야. We _____ _____ a desk. (make)

Unit 13. 종합 TEST

A. 다음 문제를 풀어 보세요.

[1-3] 다음 빈칸에 알맞은 말을 고르세요.

1

| He is _____ a bath. |

① take   ② took

③ taken   ④ taking

2

| I'm _____ carrying a bag. |

① no   ② not

③ don't   ④ doesn't

3

| _____ she jumping? |

① Am   ② Are

③ Is   ④ Does

[4-5] 다음 문장을 부정문으로 바꿔 쓰세요.

4 They are playing basketball.

_____

5 She is doing her homework.

_____

[6-7] 다음 괄호 안의 단어를 활용하여 빈칸을 완성하세요.

6

| 그는 공부하고 있는 중이다.
He _____ _____. (study) |

7

| 너는 음악을 듣고 있는 중이니?
_____ you _____ to music? (listen) |

8 다음 빈칸에 들어갈 말이 <u>다른</u> 하나를 고르세요.

① Tim _____ making a chair.

② He _____ talking on the phone.

③ _____ she having dinner?

④ _____ they building a house?

9 다음 밑줄 친 부분이 올바르지 <u>않은</u> 것을 고르세요.

① He is <u>sitting</u> on the bench.

② Is she <u>painting</u> now?

③ We are <u>look</u> for a cat.

④ Are you <u>cooking</u> now?

10 다음 중 우리말에 알맞은 것을 고르세요.

| 그들은 TV를 보고 있는 중이 아니다.
They (don't / aren't) watching TV. |

B. 다음 문장 빈칸을 완성해 보세요.

1 그녀는 나를 도와주고 있는 중이야.   She _____ helping me.

2 나는 집으로 걸어가고 있는 중이야.   I am _____ home.

3 나는 커피를 마시고 있는 중이야.   I _____ _____ coffee.

4 그는 바닥에 누워있는 중이야.   He's _____ on the floor.

5 그는 소설을 쓰고 있는 중이야.   He's _____ a novel.

6 그들은 지금 춤을 추고 있는 중이야.   They are _____ now.

7 그 아이는 울고 있는 중이 아니야.   The baby _____ crying.

8 그녀는 부엌을 청소하고 있는 중이니?   _____ she cleaning the kitchen?

9 너는 비옷을 입고 있는 중이니?   Are you _____ a raincoat?

10 그는 노래를 부르고 있는 중이니?   Is he _____?

C. 다음 밑줄 친 부분을 바르게 고쳐 보세요.

1 아기는 지금 자고 있는 중이야.   The baby is <u>sleep</u> now.   _____

2 우리는 잡지를 읽고 있는 중이야.   We're <u>read</u> a magazine.   _____

3 그는 사무실에서 일하고 있는 중이야.   He's <u>work</u> at the office.   _____

4 우리는 그림을 그리고 있는 중이야.   We <u>is</u> drawing pictures.   _____

5 그 개는 수영하고 있는 중이야.   The dog is <u>swim</u>.   _____

6 그들은 달리고 있는 중이야.   They are <u>run</u>.   _____

7 그는 나무를 베고 있는 중이야.   He <u>are</u> cutting down the tree.   _____

8 그녀는 운전하고 있는 중이 아니야.   She <u>is</u> driving.   _____

9 그는 지금 가르치고 있는 중이니?   Is he <u>teach</u> now?   _____

10 비가 오고 있는 중이니?   <u>Does</u> it raining?   _____

고딸영문법

시제부터 의문문까지 개념 확장

1. 조동사란?

조동사는요. 동사 앞에서 동사의 의미를 보충해주는 말로 일명 '동사의 조수'라고 해요.

조동사 = 동사의 조수

우리 앞에 Unit 6에서
미래를 나타낼 때 **will(~할 것이다)**을 쓴다고 배웠죠?
사실 will의 정체도 **조동사**예요.

조동사를 쓸 때 꼭 주의해야 할 점이 있는데요.
바로 조동사 다음에 **동사원형**을 써야 한다는 것이에요.

내가 도와줬으니까
조건이 있어!

동사원형을 써야 해.

조동사 + 동사원형

별표 다섯 개!
조동사 다음에는 꼭 동사원형을 씁니다.

2. 다양한 조동사: will, can, may, must, should

조동사는 종류가 다양한데요.
기초 단계에서 꼭 알아야 할 대표적인 조동사와 뜻을 정리해 봤어요.

조동사	목적	뜻
will	미래	~할 것이다
can	가능	~할 수 있다
may	추측	~일지도 모른다
must	의무	꼭 ~해야 한다
	강한 추측	~임에 틀림없다
should	약한 의무/충고	~해야 한다/~하는 게 좋겠다

He can swim. (그는 수영을 할 수 있다.)

'**~할 수 있다**'는 뜻으로 can을 쓰고 뒤에는 동사원형 **swim**을 썼어요.

You should read this book.

(너는 이 책을 읽어야 한다.)

'**~해야 한다**'는 뜻으로 **should**를 썼어요.
must도 '~해야 한다'는 뜻이지만
must는 '진짜 꼭! 반드시 해야 한다'는 **강한 의무**를 나타낼 때 주로 써요.

또한 must는 **'~임에 틀림없다'**라는 뜻으로도 써요.

She must be rich. (그녀는 부자임에 틀림없어.)

must 뒤에 be동사는 동사원형으로 be를 쓴 것도 확인하세요.
이렇게 **must**는 **의무**와 **추측**의 뜻을 모두 가지고 있어요.

엄마, must는 뜻이
두 개인데
어떻게 구분해요?

상황을 따져봐야 하는데.
보통 추측을 할 때는
must be 형태로
많이 써.

Quiz 1

다음 빈칸에 알맞은 조동사를 쓰세요.

보기

          may   must   should

1) You _____ wait here. (너는 여기서 반드시 기다려야 한다.)

2) It _____ be rainy tonight. (오늘 밤에 비가 올지도 모른다.)

3) You _____ take this medicine. (너는 이 약을 먹는 게 좋겠다.)

1) '반드시 ~해야 한다'에 해당하는 조동사는 must입니다. must 다음에 동사원형 wait을 썼어요.
2) '~일지도 모른다' 약한 추측을 나타내는 조동사는 may예요. may 다음에 be동사의 동사원형인 be를 썼어요.
3) '~하는 게 좋겠다' 충고나 조언에 해당하는 조동사는 should예요. should 다음에 동사원형으로 take 썼어요.

정답 1) must 2) may 3) should

3. 조동사의 부정문과 의문문

조동사의 부정문과 의문문을 만드는 방법은 그리 어렵지 않아요.

조동사 부정문 **조동사 + not**

부정문은 **조동사 다음에 not**만 써주면 되어요.

will not(~하지 않을 것이다) **cannot**(~할 수 없다)

must not(절대 ~해서는 안 된다) **should not**(~하면 안 된다)

cannot만 can과 not사이에 띄어쓰기 없이 붙여서 써요.

의문문은 문장 **맨 앞에 조동사**를 쓰면 됩니다.

조동사 의문문 **조동사 + 주어 + 동사원형 ~?**

She will come. (그녀는 올 것이다.)

[부정문] **She will not come.** (그녀는 오지 않을 것이다.)

[의문문] **Will she come?** (그녀가 올까?)

부정문은 will 다음에 **not**을 썼고요.
의문문은 will을 문장 **맨 앞**에 썼어요.

부정문과 의문문 둘 다 조동사가 있는 문장이기 때문에
동사원형 come을 쓴 것도 확인하세요.

다음 문장을 부정문과 의문문으로 만들 때 빈칸을 완성하세요.

He can play badminton. (그는 배드민턴을 칠 수 있다.)

1) 부정문 **He _____ play badminton.** (그는 배드민턴을 칠 수 없다.)

2) 의문문 **_____ he play badminton?** (그는 배드민턴을 칠 수 있니?)

1) can의 부정형은 not을 붙이는데 cannot은 띄어쓰기 없이 붙여서 씁니다.
2) can이 있는 문장의 의문문은 can을 문장 맨 앞에 쓰면 됩니다.

정답 1) cannot 2) Can

보통 조동사와 not은 줄여서 말해요.

조동사 + not	줄임형	뜻
will not	won't	~하지 않을 것이다
cannot	can't	~할 수 없다
must not	mustn't	절대 ~해서는 안 된다
should not	shouldn't	~하면 안 된다

다음 빈칸을 완성해 보세요.

You should not waste money.

= You _____ waste money.

(너는 돈을 낭비하면 안 된다.)

빈칸에 정답은 should not의 줄임형 **shouldn't**가 됩니다.

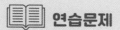
머리에 콕콕

Unit 14.

다음 <보기>에서 알맞은 말을 골라 빈칸을 완성해 보세요.

보기
▪ can't
▪ must
▪ 동사원형

개념	규칙	예
조동사	역할: 동사 앞에서 동사를 도와주는 단어 형태: 조동사 + ① _____	He can swim. (그는 수영을 할 수 있다.)
종류	can: ~할 수 있다 may: ~일지도 모른다 ② _____ : 꼭 ~해야 한다 / ~임에 틀림없다 should: ~해야 한다 / ~하는 게 좋겠다	It may be rainy tonight. (오늘 밤에 비가 올지도 모른다.) You should read this book. (너는 이 책을 읽어야 한다.)
부정문 의문문	부정문: 조동사 + not will not(won't), cannot(③ _____), must not(mustn't), should not(shouldn't)	You shouldn't waste money. (너는 돈을 낭비하면 안 된다.)
	의문문: 조동사 + 주어 + 동사원형~?	Will she come? (그녀가 올까?)

정답 ① 동사원형 ② must ③ can't

문법 Talk

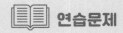
Unit 14.

매일 10문장

[1-4] 다음 <보기>에서 우리말에 알맞은 조동사를 골라 빈칸을 완성하세요.

보기	must should can't can

1. 나는 피아노를 칠 수 있다.   I _____ play the piano.

2. 너는 약을 좀 먹는 게 좋겠다.   You _____ take some medicine.

3. 그녀는 바쁜 것이 틀림없다.   She _____ be busy.

4. 나는 그 질문에 답을 할 수 없다.   I _____ answer that question.

[5-7] 다음 밑줄 친 부분이 맞으면 O, 틀리면 X를 하고 바르게 고치세요.

5. 그 개는 목이 마를지도 몰라.   The dog may <u>is</u> thirsty.   _____

6. 그녀는 피자를 만들 수 있니?   Can she <u>makes</u> pizza?   _____

7. 나는 이 사진을 지워야 한다.   I <u>should</u> delete this photo.   _____

[8-10] 다음 주어진 단어를 바르게 배열하세요.

8. 너는 절대 거짓말을 하면 안 돼. (mustn't / you / tell lies)

_____

9. 나는 여기에 머물러야 하나요? (I / should / stay here)

_____

10. 그녀는 러시아에 가지 않을 것이다. (won't / go to Russia / she)

_____

[단어] 2. **medicine** 약 4. **answer** 대답하다 **question** 질문 5. **thirsty** 목이 마른
     7. **delete** 지우다 8. **tell a lie** 거짓말을 하다 9. **stay** 머물다

[복습] 문장의 빈칸을 완성해 보세요.

1. 그는 설거지 하고 있는 중이 아니야.   He _____ washing the dishes.

2. 비가 오고 있는 중이니?   _____ it raining?

3. 그는 지금 가르치고 있는 중이니?   _____ he teaching now?

4. 그는 통화 중이 아니야.   He _____ talking on the phone.

5. 그들은 요리하고 있는 중이 아니야.   They _____ cooking.

Unit 15. 조동사 개념 확장하기

1. 조동사의 다양한 뜻

우리 앞에서 조동사에 대한 기본 개념을 익혔죠?
문제는 조동사의 뜻이 하나가 아니라는 거예요.
회화에서 자주 쓰는 조동사 쓰임을 소개할게요.

	표현	목적	뜻
1)	**Can you~?** **Will you~?**	요청	~해 줄래?
2)	**Could you~?** **Would you~?**	공손한 요청	~해 주시겠어요?
3)	**can** **may**	허락	~해도 된다

1) **Can you~? Will you~?**로 질문하면
'~해 줄래?'라고 **요청**하는 뜻이 되어요.

2) **Could**와 **Would**는 뭘까요?
기본적으로 can의 **과거형**을 **could**
will의 **과거형**을 **would**라고 하는데요.
단순히 과거형 기능만 하는게 아니라
의문문으로 쓰면 **공손하게** **요청**하는 표현이 되어요.

3) **can**은 '~할 수 있다' 외에 '**~해도 된다**'는 **허락**의 뜻이 있고요.
may도 '~일지도 모른다'는 뜻 말고도 '**~해도 된다**'는 **허락**의 뜻이 있어요.

헷갈리죠?
다음 상황을 같이 보며 조동사를 사용해 볼게요.

집에서 열심히 숙제를 하고 있어요.
그런데 언니가 거실에서 춤 연습을 하고 있는 거예요.

공부에 통 집중을 할 수가 없어요.
언니한테 뭐라고 요청해야 할까요?

_____ **you turn down the music?** (음악 좀 줄여 줄래?)

빈칸에 Can 또는 Will이 들어갈 수 있어요.
Can you~? Will you ~?로 물어보면 '**~해 줄래?**'라는 뜻이에요.

Can you turn down the music?
Will you turn down the music?

자~ 이제 언니의 음악소리가 안 들려서 공부에 집중 좀 해 보려고 했는데
또 다른 큰 소리가 들려요.

누구지?
바로 할머니가 드라마를 보시는 중.
할머니께 공손하게 요청드려 봅니다.

_____ **you turn down the volume?**
(소리 좀 줄여 주시겠어요?)

정답은?
Could 또는 Would예요.
Could나 Would를 쓰면 '~해 주시겠어요?'라는 뜻으로
Can, Will 보다 훨씬 **공손한 표현**이에요.

> ### Could you turn down the volume?
> ### Would you turn down the volume?

자, 이제 공부 끝!
사실 숙제를 열심히 한 이유는
숙제를 다 해야 오늘 친구 생일 파티에 갈 수 있기 때문이에요.

이제 엄마한테 가서 허락을 맡으려고 해요.

> ### _____ **I go to the party now?** (지금 파티에 가도 될까요?)

빈칸에 들어갈 수 있는 말은 **'허락'을 묻는 Can** 또는 **May**예요.
둘 다 '~해도 된다'는 뜻이에요.

> ### Can I go to the party now?
> ### May I go to the party now?

이처럼 조동사만 잘 알아두면
다양한 문장을 말할 수 있답니다.

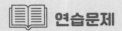
머리에 콕콕

Unit 15.

다음 <보기>에서 알맞은 말을 골라 빈칸을 완성해 보세요.

보기
- may
- would
- will

표현	뜻	예
Can you~? ① _____ you~?	~해 줄래?	Can you turn down the music? (음악 좀 줄여 줄래?)
Could you~? ② _____ you~?	~해 주시겠어요?	Could you turn down the volume? (소리 좀 줄여 주시겠어요?)
can ③ _____	~해도 된다	May I go to the party now? (지금 파티에 가도 될까요?)

정답 ① Will ② Would ③ may

문법 Talk

Unit 15.

매일 10문장

[1-3] 다음 <보기>에서 우리말에 알맞은 조동사를 골라 빈칸을 완성하세요.

보기   may   will   could

1. 창문 좀 닫아 주시겠어요?   _____ you close the window?

2. 이것 좀 들어줄래?   _____ you hold this?

3. 너는 이번 주말에 스키 타러 가도 돼.   You _____ go skiing this weekend.

[4-6] 다음 문장의 우리말 해석을 쓰세요.

4. Will you open the door?   _____

5. Could you say that again?   _____

6. May I borrow your umbrella?   _____

[7-10] 다음 주어진 단어를 바르게 배열하세요.

7. 택시 좀 불러 줄래? (you / call / a taxi / can)
   _____

8. 너는 내 폰을 사용해도 돼. (can / use / you / my phone)
   _____

9. 이것 좀 옮겨 주시겠어요? (carry / this / would / you)
   _____

10. 제가 질문을 해도 될까요? (I / ask / may / a question)
   _____

[단어] 1. **close** 닫다 2. **hold** 들다 3. **go skiing** 스키 타러 가다 **this weekend** 이번 주말
        5. **again** 다시 6. **borrow** 빌리다 7. **call** 부르다 9. **carry** 옮기다

Unit 14 복습 TEST

[복습] 올바른 것을 고르세요.

1. 나는 피아노를 칠 수 있다.   I (can / must) play the piano.

2. 그녀는 바쁜 것이 틀림없다.   She must (is / be) busy.

3. 그 개는 목이 마를지도 몰라.   The dog (should / may) be thirsty.

4. 그녀는 피자를 만들 수 있니?   Can she (make / makes) pizza?

5. 너는 절대 거짓말을 하면 안 돼.   You (can't / mustn't) tell lies.

Unit 16. have to

1. have to란?

다음 문장을 해석해 볼까요?

> ### I have to go now.

'가지다? 가다?'라는 뜻이 아니고요.
have to 자체가 하나의 표현으로
'~해야 한다'라는 뜻이에요.

> ### 나는 지금 가야 한다.

이처럼 **have to**는요~
must처럼 **'~해야 한다'**(의무)는 뜻을 가지고 있어요.

2. have to의 형태

have to는 **주어와 시제의 눈치**를 봐야 합니다.

주어가 **3인칭 단수**이면
have to를 **has to**로 바꾸어야 하고요.
시제가 과거이면 have to는 **had to**가 되어야 해요.

> ### 현재시제 주어가 3인칭 단수 → has to
> ### 과거시제 → had to

have to가 has to나 had to로 변신하는 것에 상관없이
뒤에는 꼭 **동사원형**과 함께 써요.

He has to stay home. (그는 집에 머물러야 해.)

주어가 He로 **3인칭 단수**이고
현재시제이기 때문에 **has to**를 썼어요.
has to 다음에는 **동사원형**으로 stay를 씁니다.

3. have to의 부정문

우리 앞에서 조동사는 부정문을 만들 때 조동사에 직접 not만 붙이면 된다고 했죠.
하지만 have to는 달라요.
일반동사의 부정문을 만들 때처럼
don't나 **doesn't**의 도움을 받아 부정문을 만들어요.

have to야~
우리가 부정문
만드는 걸 도와 줄게.

그리고 무엇보다 제일 중요한 것은
부정문으로 만들면 '~할 필요가 없다'라는 뜻이 되어요.

don't / doesn't have to: ~할 필요가 없다

3. have to의 부정문

I have to finish this homework. (나는 이 숙제를 끝내야 해.)
I don't have to finish this homework. (나는 이 숙제를 끝낼 필요가 없어.)

have to 앞에 **don't**를 붙이니 **부정문**이 되었어요.

4. have to의 부정문과 must의 부정문

비교 포인트로 하나 더 알아둬야 할 게 있어요!
must와 **have to** 모두 '~해야 한다'라는 뜻이지만
부정문에서는 뜻이 달라져요.

must not: ~해서는 안 된다 [금지]
don't / doesn't have to: ~할 필요가 없다 [불필요]

예문에 바로 적용! 빈칸에 어떤 말을 써야 할까요?

He _____ _____ touch the hot water.
(그는 그 뜨거운 물을 만지면 안 된다.)

정답은? '~하면 안 된다'라는 금지의 뜻이니
must not이 됩니다.

He must not touch the hot water.

다음 빈칸에 알맞은 말을 쓰세요.

1) I _____ _____ _____ **work today.** (나는 오늘 일할 필요가 없어.)

2) You _____ _____ **smoke here.** (당신은 여기에서 흡연하면 안 된다.)

1) '~할 필요가 없다'에 해당하는 don't have to를 써야 해요. 주어가 I이기 때문에 don't와 같이 썼어요.
2) '~하면 안 된다' 강한 금지를 나타낼 때는 must not을 써야 해요.

정답 1) don't have to 2) must not

5. have to의 의문문

have to의 의문문은 일반동사의 의문문처럼
Do나 Does의 도움을 받아야 해요.

She has to get up early. (그녀는 일찍 일어나야 한다.)
Does she have to get up early? (그녀는 일찍 일어나야 하니?)

주어가 3인칭 단수이기 때문에 **Does**의 도움을 받았고요.
Does의 도움을 받았기 때문에
동사는 have로 **동사원형**을 쓴 것까지 꼭 확인하세요.

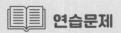

연습문제

머리에 콕콕

Unit 16.

다음 <보기>에서 알맞은 말을 골라 빈칸을 완성해 보세요.

보기	개념	규칙	예
• don't • have to • has to	have to	뜻: ~해야 한다 형태: have to + 동사원형	I have to go now. (나는 지금 가야 한다.)
		주의) 주어가 3인칭 단수일 때는 ① _____를 쓰고, 시제가 과거일 때는 had to를 씀	He has to stay home. (그는 집에 머물러야 해.)
	have to 부정문	don't / doesn't have to: ~할 필요가 없다(불필요)	I ② _____ have to finish this homework. (나는 이 숙제를 끝낼 필요가 없다.)
		비교) must not: ~해서는 안 된다(금지)	He must not touch the hot water. (그는 그 뜨거운 물을 만지면 안 된다.)
	have to 의문문	Do / Does + 주어 + have to~?	Does she ③ _____ get up early? (그녀는 일찍 일어나야 하니?)

정답 ① has to ② don't ③ have to

문법 Talk

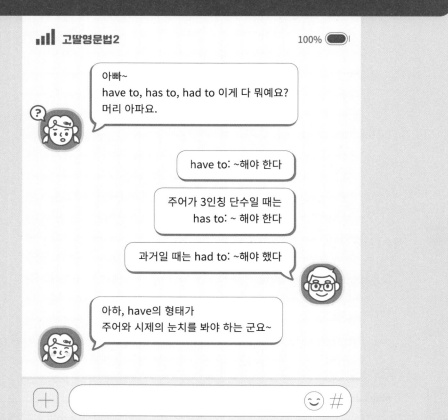

100

매일 10문장

[1-4] 다음 중 우리말에 올바른 것을 고르세요.

1. 우리는 우유를 좀 사야 한다.　　We (has to / have to) get some milk.

2. 너는 이 책을 읽어야 한다.　　You have (to read / read) this book.

3. 그들은 올 필요가 없다.　　They (don't / doesn't) have to come.

4. 내가 그걸 지금 해야 하니?　　(Do / Does) I have to do that now?

[5-7] 다음 주어진 단어를 바르게 배열하세요.

5. 너는 서두를 필요가 없어. (don't / you / hurry / have to)

　　_____

6. 제가 마스크를 써야만 하나요? (wear a mask / have to / do / I)

　　_____

7. 너는 밖에 혼자 나가서는 안 된다. (must / you / go outside alone / not)

　　_____

[8-10] 다음 밑줄 친 부분이 맞으면 O, 틀리면 X를 하고 바르게 고치세요.

8. You don't <u>has</u> to search for it.　　_____

9. <u>Do</u> he have to leave now?　　_____

10. Do you <u>have</u> to attend the meeting?　　_____

[단어]　5. **hurry** 서두르다　6. **wear** 쓰다, 입다　7. **outside** 밖으로 **alone** 혼자　8. **search** 검색하다
　　　9. **leave** 출발하다　10. **attend** 참석하다 **meeting** 회의

[복습] 다음 문장의 해석을 쓰세요.

1. Will you close the window?　　_____

2. You may go skiing this weekend.　　_____

3. Could you say that again?　　_____

4. You can use my phone.　　_____

5. May I ask a question?　　_____

Unit 17. 종합 TEST

A. 다음 문제를 풀어 보세요.

[1-3] 다음 빈칸에 알맞은 말을 고르세요.

1

> 나는 빠르게 달릴 수 있다.
>
> I _____ run fast.

① can　　　② may

③ must　　④ should

2

> 그들은 바쁠지도 모른다.
>
> They _____ be busy.

① will　　② may

③ must　　④ should

3

> 너는 이 일을 끝내야 한다.
>
> You _____ finish this work.

① can　　　② may

③ should　　④ shouldn't

[4-5] 다음 문장을 부정문으로 바꿔 쓰세요.

4 You have to wait for me.

_____

5 He must stay here.

_____

[6-7] 다음 밑줄 친 부분이 올바르지 <u>않은</u> 것을 고르세요.

6 ① You must <u>is</u> careful.

② I can't <u>help</u> him.

③ She <u>may</u> have my book.

④ Will you <u>open</u> the window?

7 ① He <u>has</u> to go now.

② You <u>have</u> to watch this movie.

③ She doesn't <u>have</u> to come early.

④ Does he <u>has</u> to do this?

8 다음 중 우리말에 알맞은 것을 고르세요.

> 제 부탁 좀 들어 주시겠어요?
>
> (Should / Would) you do me a favor?

[9-10] 다음 우리말과 일치하도록 빈칸을 완성하세요.

9

> 그녀는 피곤한 것이 틀림없다.
>
> She _____ be tired.

10

> 그는 저녁을 요리할 필요가 없다.
>
> He _____ _____ ____ cook dinner.

B. 다음 문장 빈칸을 완성해 보세요.

1 나는 피아노를 칠 수 있다.   I _____ play the piano.

2 그녀는 바쁜 것이 틀림없다.   She _____ be busy.

3 나는 그 질문에 답을 할 수 없다.   I _____ answer that question.

4 창문 좀 닫아 주시겠어요?   C_____ you close the window?

5 너는 이번 주말에 스키 타러 가도 돼.   You m_____ go skiing this weekend.

6 이것 좀 들어줄래?   W_____ you hold this?

7 너는 내 폰을 사용해도 돼.   You c_____ use my phone.

8 우리는 우유를 좀 사야 한다.   We _____ to get some milk.

9 너는 서두를 필요가 없어.   You _____ have to hurry.

10 너는 밖에 혼자 나가서는 안 된다.   You must _____ go outside alone.

C. 다음 밑줄 친 부분을 바르게 고쳐 보세요.

1 그 개는 목이 마를지도 몰라.   The dog may <u>is</u> thirsty.   _____

2 그녀는 피자를 만들 수 있니?   <u>Should</u> she make pizza?   _____

3 그녀는 러시아에 가지 않을 것이다.   She <u>will</u> go to Russia.   _____

4 문을 열어 줄래?   Will you <u>opened</u> the door?   _____

5 너는 절대 거짓말을 하면 안 돼.   You <u>must</u> tell lies.   _____

6 그는 지금 출발해야 하니?   <u>Do</u> he have to leave now?   _____

7 그들은 올 필요가 없다.   They <u>doesn't</u> have to come.   _____

8 너는 그것을 검색할 필요가 없다.   You don't <u>has</u> to search for it.   _____

9 너는 이 책을 읽어야 한다.   You have to <u>reads</u> this book.   _____

10 제가 마스크를 써야만 하나요?   Do I <u>has</u> to wear a mask?   _____

고딸영문법

시제부터 의문문까지 개념 확장

Unit 18. 비교급 형태

1. 비교급이란?

여기 Amy가 있어요.
다음 문장을 영어로 어떻게 말할까요?

Amy is _____ .

(Amy는 키가 크다.)

'키가 큰'이란 뜻의 형용사 tall이 들어가면 되겠죠?

Amy is tall.

이번에는 Amy와 Lucy가 있어요.
Amy의 키를 Lucy와 비교해서 말할 수 있어요.

Amy is taller than Lucy.

(Amy는 Lucy보다 키가 더 크다.)

형용사 tall에 er이 붙어 있죠? **taller**는 '**키가 더 큰**'이란 뜻.
than은 '**~보다**'라는 뜻이에요.

이처럼 비교급을 만들 때는요.

형용사나 부사에 er을 붙이고 than 다음에 비교 대상을 써주면 됩니다.

비교급 만드는 방법
(형용사 / 부사) + er than

예문을 볼게요.

She is older than him. (그녀는 그보다 나이가 더 많다.)

형용사 old에 **er**이 붙어 있는 게 보이시나요?

'더 나이가 든'이란 뜻이에요.

than은 '~보다'라는 뜻으로 전치사인데요.

전치사 다음에 인칭대명사를 쓰면 보통 목적격으로 써요.

| Quiz 1 | 다음 괄호 안의 단어를 활용하여 비교급 문장을 완성하세요. |

He can run _____ _____ her. (fast)

(그는 그녀보다 더 빠르게 달릴 수 있어.)

비교급 문장을 만들 때는 형용사나 부사에 er을 붙이고 '~보다'라는 의미로 than을 쓰면 됩니다.
than 다음에는 목적격으로 her를 쓴 것도 확인하세요.

정답 faster than

2. er을 붙이는 방법

이번에는 비교급에서 형용사와 부사에
er을 붙이는 방법이 살짝 다른 단어들을 소개할게요.

① e로 끝나는 단어

e로 끝나는 단어는 e가 이미 있으니까 **r**만 붙여요.

nice(멋진) **– nicer**(더 멋진)   **large**(큰) **– larger**(더 큰)

② y로 끝나는 단어

y는 맨 끝을 좋아한다고 했죠?
뒤에 er이 오는 게 싫으니까
y를 i로 바꾸고 er을 붙여요.

busy(바쁜) **– busier**(더 바쁜)   **easy**(쉬운) **– easier**(더 쉬운)
early(일찍) **– earlier**(더 일찍)   **heavy**(무거운) **– heavier**(더 무거운)

Quiz 2

다음 괄호 안의 단어를 활용하여 비교급 문장을 완성하세요.

He arrived _____ than me. (early)

(그는 나보다 더 일찍 도착했다.)

비교급 문장을 만들 때는 형용사나 부사에 er을 붙이면 됩니다.
부사 early는 y로 끝나기 때문에 y를 i로 바꾸고 er을 붙여야 해요.

정답 earlier

③ 단모음 + 단자음으로 끝나는 단어

모음이 하나, 자음이 하나로 끝나는 단어는
끝자음이 **쌍둥이**가 되어요.

> **big**(큰) – **bigger**(더 큰)
> **hot**(뜨거운) – **hotter**(더 뜨거운)
> **thin**(날씬한) – **thinner**(더 날씬한)

모든 단어들이 모음 하나, 자음 하나로 끝나죠?
er을 붙일 때 끝자음을 하나 더 써줘야 합니다.

엄마 ㅠㅠ
머리가 너무
아파요 ㅠㅠㅠㅠ

걱정하지 마. 대부분은
그냥 er을 붙이면 되고
오늘 배운 단어만
예외라고 생각하면 돼.

Quiz 3

다음 괄호 안의 단어를 활용하여 비교급 문장을 완성하세요.

Today is _____ than yesterday. (hot)

(오늘이 어제보다 더 덥다.)

비교급 문장을 만들 때는 형용사나 부사에 er을 붙이죠? 형용사 hot은 모음 o와 자음 t로
끝나기 때문에 쌍둥이 법칙을 적용해서 끝자음 t를 한 번 더 써주고 er을 붙이면 됩니다.

정답 hotter

머리에 콕콕

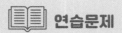

Unit 18.

다음 <보기>에서 알맞은 말을 골라 빈칸을 완성해 보세요.

보기
- i
- bigger
- than

개념	규칙	예
비교급	뜻: ~보다 더 ~하다 형태: (형용사 / 부사) + er ① _____	I am taller than you. (나는 너보다 키가 더 크다.)
er을 붙이는 다양한 방법	1) e로 끝나는 단어 + r 2) y로 끝나는 단어는 y를 ② _____로 바꾸고 + er 3) 단모음 + 단자음으로 끝나는 단어는 자음을 한 번 더 쓰고 + er	nice(멋진) – nicer(더 멋진) busy(바쁜) – busier(더 바쁜) big(큰) – ③ _____(더 큰)

정답 ① than ② i ③ bigger

문법 Talk

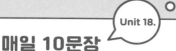

매일 10문장

[1-2] 다음 중 우리말에 올바른 것을 고르세요.

1. 나는 힘이 세다.　　　　　　I'm (strong / stronger).

2. 이 모자는 저것보다 더 멋지다.　This hat is (nice / nicer) than that one.

[3-7] 다음 괄호 안의 단어를 활용하여 빈칸을 완성하세요.

3. 기차가 버스보다 더 빠르다.　Trains are ＿＿＿＿＿＿ than buses. (fast)

4. 폴이 케빈보다 더 가볍다.　Paul is ＿＿＿＿＿＿ than Kevin. (light)

5. 한국이 뉴질랜드보다 더 작다.　Korea is ＿＿＿＿＿＿ than New Zealand. (small)

6. 오늘이 어제보다 더 따뜻하다.　Today is ＿＿＿＿＿＿ than yesterday. (warm)

7. 이것이 저것보다 더 크다.　This is ＿＿＿＿＿＿ than that. (big)

[8-10] 다음 주어진 단어를 바르게 배열하세요.

8. 그가 신디보다 더 부자이다. (he / is / than / richer / Cindy)

＿＿＿＿＿＿＿＿＿＿＿＿＿＿＿＿＿＿＿＿＿

9. 그녀는 너보다 더 어리다. (is / younger / you / she / than)

＿＿＿＿＿＿＿＿＿＿＿＿＿＿＿＿＿＿＿＿＿

10. 나는 엄마보다 일찍 도착했다. (arrived / I / than / my mom / earlier)

＿＿＿＿＿＿＿＿＿＿＿＿＿＿＿＿＿＿＿＿＿

[단어]　1. **strong** 힘이 센　4. **light** 가벼운　6. **warm** 따뜻한　9. **young** 어린

[복습] 문장의 빈칸을 완성해 보세요.

1. 우리는 우유를 좀 사야 한다.　　We ＿＿＿＿＿＿ to get some milk.

2. 그는 이 책을 읽어야 한다.　　　He ＿＿＿＿＿＿ to read this book.

3. 그들은 올 필요가 없다.　　　　They ＿＿＿＿＿＿ have to come.

4. 제가 마스크를 써야만 하나요?　＿＿＿＿＿＿ I have to wear a mask?

5. 너는 그 회의에 참석해야만 하니?　Do you ＿＿＿＿＿＿ to attend the meeting?

Unit 19. 비교급 만들기: more

1. more를 쓰는 경우

우리 앞에서 비교급 만들 때 **형용사**나 **부사**에 er을 붙인다고 했죠?
문제는 er을 붙이는 법칙이 통하지 않을 때가 있어요.

언제일까요?
긴 단어는 비교급 만드는 방법이 달라요.

여기 단어를 보세요.

beautiful(아름다운)

단어가 길죠? 여기에 er을 또 붙이면
단어가 너무 길어지니까
발음하기가 힘들어져요.

따라서 이럴 때는 er이 아니라
단어 앞에 more를 씁니다.

more beautiful(더 아름다운)

아하~
짧은 단어는 er
긴 단어는 more

맞아!
짝짝짝

예문을 볼게요.

6,000원 → ← 3,000원

The apples are more expensive than the oranges.
(사과가 오렌지보다 더 비싸다.)

expensive는 **긴 단어**이기 때문에 비교급을 만들 때
more를 써야 해요.

그럼 긴 단어는 얼마나 길어야 해요?

기준이 있어! 바로 음절 개수를 살펴봐야 해.

단어가 얼마나 긴지 판단하는 기준은
단순 스펠링의 개수가 아니라
음절의 개수를 파악해야 해요.

음절: 음(소리), 절(마디)

음절이란 단어를 읽을 때 **한 번에 말할 수 있는 소리**인데요.
한 단어에 모음 소리가 몇 개인지를 따져 보면 됩니다.

모음 소리가 1개이면 **1음절**
모음 소리가 2개이면 **2음절**
모음 소리가 3개이면 **3음절**이에요.

예를 들어 볼게요.

tall

발음해 보니 [톨]
우리말 'ㅗ'에 가까운 모음 발음이 하나 있죠?
따라서 1음절이에요.

large

몇 음절일까요?
왠지 스펠링에 모음 a와 e가 있으니 2음절 같죠? 땡!

발음을 확인해 봐야 해요.
[라ㅈ]

영어에서는 단어 끝에 e가 있으면 소리를 내지 않은 경우가 많은데요.
따라서 '라지'가 아니라 '라ㅈ'로 읽어야 하고
발음에 'ㅏ'소리 모음이 하나 있으니 1음절이에요.

그럼, 다음 단어는 몇 음절일까요?

beautiful

발음을 해볼까요?

뷰 / 티 / 풀
beau / ti / ful

모음이 세 개로 발음되므로 3음절이에요.

이처럼 음절 개수를 기준으로
1음절이 짧은 단어이고요.
주로 2음절 이상을 긴 단어로 여깁니다.

> ### 1음절 → 짧은 단어
> ### 주로 2음절, 3음절 → 긴 단어

헷갈리죠? 음절에 따라 자주 쓰는 단어의 비교급을 정리해 볼게요.

	원형	비교급
1음절	**big**(큰)	**bigger**(더 큰)
	cheap(싼)	**cheaper**(더 싼)
	dark(어두운)	**darker**(더 어두운)
	long(긴)	**longer**(더 긴)
	nice(멋진)	**nicer**(더 멋진)
	old(오래된)	**older**(더 오래된)
	small(작은)	**smaller**(더 작은)
	thick(두꺼운)	**thicker**(더 두꺼운)
2음절 (y로 끝나는 형용사)	**busy**(바쁜)	**busier**(더 바쁜)
	easy(쉬운)	**easier**(더 쉬운)
	happy(행복한)	**happier**(더 행복한)
	heavy(무거운)	**heavier**(더 무거운)
2음절	**careful**(조심하는)	**more careful**(더 조심하는)
	famous(유명한)	**more famous**(더 유명한)
	peaceful(평화로운)	**more peaceful**(더 평화로운)
3음절	**beautiful**(아름다운)	**more beautiful**(더 아름다운)
	difficult(어려운)	**more difficult**(더 어려운)
	expensive(비싼)	**more expensive**(더 비싼)
	important(중요한)	**more important**(더 중요한)

1음절 단어들은 모두 끝에 **er**을 붙였고요.
예외적으로 **2음절** 단어에서 **y로 끝나는 단어**들은 y를 i로 바꾸고 **er**을 붙였어요.
나머지 2음절과 3음절은 모두 앞에 **more**를 붙였답니다.

2. 음절을 사전에서 찾는 방법

허걱. 엄마 음절 개념 아직도 모르겠어요. 모든 단어의 음절을 꼭 알아야 해요?

아니! 느낌만 알면 성공. 오늘 배운 단어만 기억하고 나머지는 헷갈릴 때 사전을 보면 돼.

음절이 헷갈리면 그때그때 사전에서 검색해 보면 되어요.

Dictionary

de·li·cious

아주 맛있는

단어 사이에 점이 있죠?
음절을 나눈 거예요.

de / li / cious
세 덩어리로 나눠지죠? 3음절입니다.

3음절이면 길기 때문에 비교급을 만들 때는 형용사나 부사 앞에 **more**를 쓰면 됩니다.

Strawberries are more delicious than grapes.

(딸기가 포도보다 더 맛이 있다.)

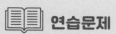
머리에 콕콕

Unit 19.

다음 <보기>에서 알맞은 말을 골라 빈칸을 완성해 보세요.

보기	개념	규칙	예
▪ 3음절 ▪ more ▪ busier	비교급	긴 단어: more (형용사 / 부사) + than	Strawberries are ① _____ delicious than grapes. (딸기는 포도보다 더 맛있다.)
		비교) 짧은 단어: (형용사 / 부사) + er than	I am taller than you. (나는 너보다 키가 더 크다.)
	짧은 단어, 긴 단어 구분	짧은 단어: 1음절, 2음절(y로 끝나는 경우)	bu·sy(바쁜) – ② _____(더 바쁜)
		긴 단어: 대부분 2음절, ③ _____ 이상	im·por·ant(중요한) – more important(더 중요한)

정답 ① more ② busier ③ 3음절

문법 Talk

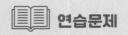 **연습문제**

매일 10문장

[1-3] 다음 중 올바른 것을 고르세요.

1. Health is (importanter / more important) than money.

2. My feet are (bigger / more big) than yours.

3. Cheetahs run (faster / more fast) than dogs.

[4-7] 다음 괄호 안의 단어를 활용하여 비교급 문장을 완성하세요.

4. This book is _____ _____ than the movie. (interesting)

5. Wolves are _____ _____ than bears. (dangerous)

6. Giraffes are _____ than zebras. (tall)

7. This dress is _____ _____ than that one. (beautiful)

[8-10] 다음 주어진 단어를 바르게 배열하세요.

8. 나의 컴퓨터가 너의 것보다 더 비싸다. (is / my computer / than / expensive / more / yours)

   _____

9. 수학이 영어보다 더 어렵다. (difficult / than / is / English / math / more)

   _____

10. 원숭이가 개보다 더 똑똑하다. (dogs / intelligent / than / more / monkeys / are)

   _____

[단어] 1. **health** 건강 **important** 중요한 3. **cheetah** 치타 4. **interesting** 흥미로운 5. **dangerous** 위험한
6. **giraffe** 기린 **zebra** 얼룩말 9. **difficult** 어려운 10. **intelligent** 똑똑한

[복습] 괄호 안의 단어를 활용하여 문장의 빈칸을 완성해 보세요.

1. 기차가 버스보다 더 빠르다.　　Trains are _____ than buses. (fast)

2. 폴이 케빈보다 더 가볍다.　　Paul is _____ than Kevin. (light)

3. 오늘이 어제보다 더 따뜻하다.　　Today is _____ than yesterday. (warm)

4. 이것이 저것보다 더 크다.　　This is _____ than that. (big)

5. 그녀는 너보다 더 어리다.　　She is _____ than you. (young)

Unit 20. 최상급 형태

1. 최상급이란?

최상급은요.
셋 이상의 비교 대상 중에서 **'제일, 가장'**을 나타낼 때 써요.

제일 좋아!

가장 맛있어!

영어에서 최상급의 형태도
비교급처럼
짧은 단어인지, 긴 단어인지에 따라 달라집니다.

짧은 단어: the ~est
긴 단어: the most ~

최고이면 누가 봐도 다 아는 거니까
특정함을 나타내는 **the**를 먼저 쓰고요.

짧은 단어에는 끝에 **est**를 붙이고
긴 단어는 끝에 est를 붙이면 너무 길어지니까
단어 앞에 **most**를 붙여야 해요.

1. 최상급이란?

예를 들어 볼게요.

This library is the oldest building in this city.

(이 도서관은 이 도시에서 가장 오래된 건물이다.)

old는 **짧은 단어**죠?
'가장 오래된'이란 의미를 나타내기 위해
최상급으로 **the**를 붙이고 old 뒤에 **est**를 썼어요.

Health is the most important thing in life.

(건강이 삶에서 가장 중요한 것이다.)

important는 **긴 단어**죠?
최상급으로 표현하려면 맨 앞에 **the**를 붙이고
단어가 길기 때문에 **most**를 씁니다.

Quiz 1

다음 괄호 안의 단어를 활용하여 최상급 문장을 완성하세요.

Mount Everest is the _____ mountain in the world. (high)

(에베레스트산은 세상에서 제일 높은 산이다.)

high는 1음절로 짧은 단어이기 때문에 최상급을 만들 때 high에 바로 est를 붙이면 됩니다.   정답 highest

2. est를 붙이는 방법

형용사와 부사에 est를 붙이는 방법은
비교급 er을 붙이는 방법과 같아요.

① e로 끝나는 단어

e로 끝나는 단어는 e가 이미 있으니까 **st**만 붙여요.

nice(멋진) – nicest(가장 멋진)   large(큰) – largest(가장 큰)

② y로 끝나는 단어

y는 맨 끝을 좋아해!
뒤에 er이 오는 게 싫으니까 **y를 i로** 바꾸고 **est**를 붙입니다.

busy(바쁜) – busiest(가장 바쁜)   easy(쉬운) – easiest(가장 쉬운)
early(일찍) – earliest(가장 일찍)   heavy(무거운) – heaviest(가장 무거운)

③ 단모음 + 단자음으로 끝나는 단어

단어가 **모음 하나, 자음 하나**로 끝나면 끝자음이 **쌍둥이**가 됩니다.

big(큰) – biggest(가장 큰)
hot(뜨거운) – hottest(가장 뜨거운)
thin(날씬한) – thinnest(가장 날씬한)

3. 음절에 따른 비교급과 최상급

자주 쓰는 비교급 형태와 최상급 형태를 한눈에 정리해 볼게요.

원형	비교급	최상급
big(큰)	bigger(더 큰)	biggest(가장 큰)
cheap(싼)	cheaper(더 싼)	cheapest(가장 싼)
dark(어두운)	darker(더 어두운)	darkest(가장 어두운)
long(긴)	longer(더 긴)	longest(가장 긴)
nice(멋진)	nicer(더 멋진)	nicest(가장 멋진)
old(오래된)	older(더 오래된)	oldest(가장 오래된)
small(작은)	smaller(더 작은)	smallest(가장 작은)
thick(두꺼운)	thicker(더 두꺼운)	thickest(가장 두꺼운)
busy(바쁜)	busier(더 바쁜)	busiest(가장 바쁜)
easy(쉬운)	easier(더 쉬운)	easiest(가장 쉬운)
happy(행복한)	happier(더 행복한)	happiest(가장 행복한)
heavy(무거운)	heavier(더 무거운)	heaviest(가장 무거운)
careful(조심하는)	more careful(더 조심하는)	most careful(가장 조심하는)
famous(유명한)	more famous(더 유명한)	most famous(가장 유명한)
peaceful(평화로운)	more peaceful(더 평화로운)	most peaceful(가장 평화로운)
beautiful(아름다운)	more beautiful(더 아름다운)	most beautiful(가장 아름다운)
difficult(어려운)	more difficult(더 어려운)	most difficult(가장 어려운)
expensive(비싼)	more expensive(더 비싼)	most expensive(가장 비싼)
important(중요한)	more important(더 중요한)	most important(가장 중요한)

행 구분 (왼쪽 라벨):
- 1음절: big ~ thick
- 2음절 (y로 끝나는 형용사): busy ~ heavy
- 2음절: careful ~ peaceful
- 3음절: beautiful ~ important

1음절 단어들은 비교급에 **er**을 붙이고 최상급에는 **est**를 붙였어요.
2음절 단어에서 **y로 끝나는 단어들**은 y를 i로 바꾸고 비교급에는 **er**을 붙이고
최상급에는 **est**를 붙였고요.
나머지 2음절과 3음절 단어는 비교급은 앞에
more를 붙이고 최상급에는 **most**를 붙였어요.

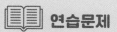

머리에 콕콕

Unit 20.

다음 <보기>에서 알맞은 말을 골라 빈칸을 완성해 보세요.

보기	개념	규칙	예
• biggest • most • est	최상급	짧은 단어: the 형용사 + ① _____ 긴 단어: the ② _____ + 형용사	the oldest(가장 오래된) the most beautiful (가장 아름다운)
	est를 붙이는 다양한 방법	1) e로 끝나는 단어 + st 2) y로 끝나는 단어는 y를 i로 바꾸고 + est 3) 단모음 + 단자음으로 끝나는 단어는 끝자음을 한 번 더 쓰고 + est	nice(멋진) – nicest(가장 멋진) busy(바쁜) – busiest(가장 바쁜) big(큰) – ③ _____(가장 큰)

정답 ① est ② most ③ biggest

문법 Talk

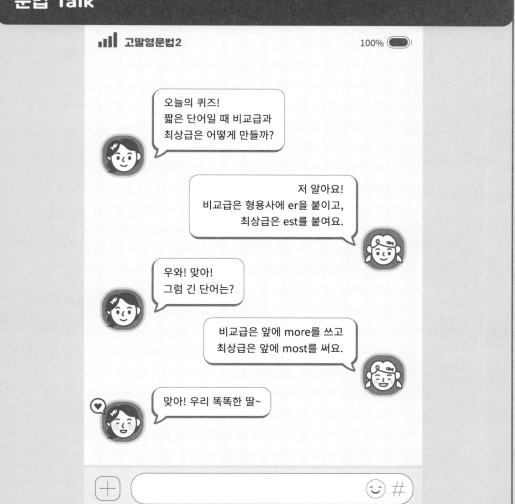

Unit 20.

매일 10문장

[1-3] 다음 중 올바른 것을 고르세요.

1. 7월은 연중 가장 더운 달이다.

   July is the (hottest / most hot) month of the year.

2. 이 그림이 셋 중에서 가장 아름답다.

   This picture is the (more / most) beautiful among the three.

3. 북한산은 서울에서 가장 높은 산이다.

   Bukhansan is the (high / highest) mountain in Seoul.

[4-10] 다음 괄호 안의 단어를 활용하여 최상급 문장을 완성하세요.

4. Jason is the _____ boy in the class. (smart)

5. This is the _____ _____ bag of them. (expensive)

6. Yesterday was the _____ day of the year. (cold)

7. That building is the _____ in the city. (tall)

8. He is the _____ _____ man in this town. (famous)

9. Happiness is the _____ _____ thing in my life. (important)

10. John is the _____ _____ student in the class. (popular)

[단어] 2. **among** (셋 이상) ~중에서 3. **mountain** 산 8. **famous** 유명한 9. **happiness** 행복 10. **popular** 인기 있는

[복습] 괄호 안의 단어를 활용하여 비교급 문장을 완성해 보세요.

1. My feet are _____ than yours. (big)

2. Cheetahs run _____ than dogs. (fast)

3. Wolves are _____ _____ than bears. (dangerous)

4. Math is _____ _____ than English. (difficult)

5. Dogs are _____ _____ than monkeys. (intelligent)

Unit 21. 불규칙 비교급과 최상급

우리 지금까지 비교급과 최상급 만드는 방법을 공부했는데요.
이 법칙이 통하지 않고
형태가 마음대로 변하는 **불규칙 단어들**도 있어요!

1. good, well의 비교급과 최상급

good은 형용사로 '**좋은**'이란 뜻이고 well은 부사로 '**잘**'이라는 뜻이에요.
good과 well 모두 끝에 er이나 est를 붙이지 않는 **불규칙한 단어**예요.
둘 다 비교급은 **better**이고, 최상급은 **best**입니다.

원형	비교급	최상급
good(좋은) 형용사	**better**(더 좋은)	**best**(가장 좋은)
well(잘) 부사	**better**(더 잘)	**best**(가장 잘)

그럼 예문에 적용해 볼게요.

I feel _____ than yesterday. (good)

(나는 어제보다 기분이 더 좋다.)

good의 비교급은 better죠?

I feel better than yesterday.

1. good, well의 비교급과 최상급

This is the _____ restaurant in this town. (good)

(이 곳이 이 마을에서 최고의 식당이야.)

good의 최상급은 **불규칙**이에요.
형용사에 est를 붙이는 것이 아니라 **best**를 써야 합니다.

This is the best restaurant in this town.

2. bad의 비교급과 최상급

bad는 '**나쁜**'이라는 뜻의 형용사예요.
bad도 불규칙으로 비교급은 **worse**이고 최상급은 **worst**입니다.

원형	비교급	최상급
bad(나쁜) 형용사	**worse**(더 나쁜)	**worst**(가장 나쁜)

This computer is _____ than that one. (bad)

(이 컴퓨터는 저것보다 더 안 좋다.)

비교급 문장이에요. 일반적으로 형용사에 er을 붙이지만
bad의 비교급은 불규칙! 따라서 **worse**가 됩니다.

This computer is worse than that one.

'많은'이라는 뜻의 **many**와 **much**는 비교급과 최상급이 같아요.
둘 다 비교급은 **more**이고 최상급은 **most**예요.

원형	비교급	최상급
many(많은) 형용사	**more**(더 많은)	**most**(가장 많은)
much(많은) 형용사	**more**(더 많은)	**most**(가장 많은)

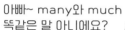

아빠~ many와 much 똑같은 말 아니에요?

뜻은 같은데 many는 셀 수 있는 명사하고 쓰고 much는 셀 수 없는 명사하고 써~

He has ＿＿＿＿＿＿＿ toys than me. (many)

(그는 나보다 더 많은 장난감을 가지고 있다.)

many의 비교급은 more예요.
many는 셀 수 있는 명사와 쓰고
toy는 **복수형**으로 **toys**라고 썼어요.

He has more toys than me.

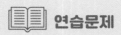 **연습문제**

머리에 콕콕

다음 <보기>에서 알맞은 말을 골라 빈칸을 완성해 보세요.

보기
- better
- more
- worst

원형	비교급	최상급
good (좋은) [형용사]	① _____(더 좋은)	best (가장 좋은)
well(잘) [부사]	better(더 잘)	best(가장 잘)
bad(나쁜) [형용사]	worse(더 나쁜)	② _____(가장 나쁜)
many(많은) [형용사]	more(더 많은)	most(가장 많은)
much(많은) [형용사]	③ _____(더 많은)	most(가장 많은)

정답 ① better ② worst ③ more

문법 Talk

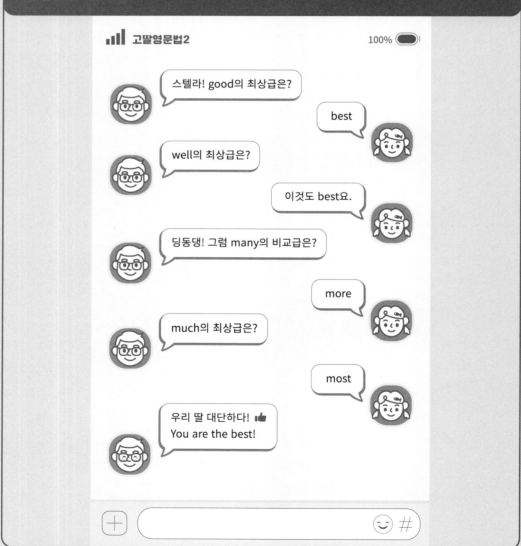

Unit 21.

매일 10문장

[1-5] 다음 중 올바른 것을 고르세요.

1. I have (many / more) books than you.

2. James plays the piano (better / well) than Mila.

3. My dish is the (bad / worst) of the four.

4. Brazil has the (more / most) rivers in the world.

5. My grade is (worse / worst) than yours.

[6-10] 다음 괄호 안의 단어를 활용하여 우리말에 알맞은 문장을 완성하세요.

6. 나는 벤보다 돈을 더 많이 쓴다. I spend _____ money than Ben. (many)

7. 에이미는 반에서 최고의 학생이다. Amy is the _____ student in the class. (good)

8. 그것은 최악의 소식이다. That is the _____ news. (bad)

9. 나는 진호보다 영어를 더 잘 말할 수 있다. I can speak English _____ than Jinho. (well)

10. 나는 너보다 더 많이 먹었다. I ate _____ than you. (much)

[단어] 3. **dish** 요리, 접시 4. **river** 강 5. **grade** 점수 6. **spend** 소비하다

[복습] 괄호 안의 단어를 활용하여 최상급 문장을 완성해 보세요.

1. July is the _____ month of the year. (hot)

2. This is the _____ _____ bag of them. (expensive)

3. Jason is the _____ boy in the class. (smart)

4. Yesterday was the _____ day of the year. (cold)

5. John is the _____ _____ student in the class. (popular)

Unit 20 복습 TEST

Unit 22. 종합 TEST

A. 다음 문제를 풀어 보세요.

[1-3] 다음 빈칸에 알맞은 말을 고르세요.

1

My hair is _____ than yours.

나의 머리가 너의 것보다 더 길다.

① long   ② longer

③ more long   ④ longest

2

Math is _____ than science.

수학이 과학보다 더 어렵다.

① difficult   ② difficulter

③ more difficult   ④ most difficult

3

Russia is the _____
country in the world.

러시아는 세상에서 가장 큰 나라이다.

① big   ② bigger

③ most big   ④ biggest

[4-5] 다음 빈칸에 알맞은 말을 쓰세요.

4 Chocolates are _____ delicious
than candies.

5 This is the _____ peaceful place
in our town.

[6-7] 다음 괄호 안의 단어를 활용하여 빈칸을 완성하세요.

6

This is the _____ school
in this city. (good)

7

Lily has _____
books than Jack. (many)

[8-9] 다음 밑줄 친 부분이 올바르지 <u>않은</u> 것을 고르세요.

8 ① This scarf is <u>warmer</u> than that one.

② My mom is <u>more beautifuler</u> than me.

③ This cushion is <u>softer</u> than that one.

④ Dogs are <u>more intelligent</u> than cats.

9 ① This is the <u>largest</u> lake in this city.

② Seoul is the <u>busiest</u> city in Korea.

③ Pizza is the <u>more</u> famous food from Italy.

④ This is the <u>most</u> expensive bag among
three.

10 다음 우리말과 일치하도록 빈칸을 완성하세요.

오늘은 내 인생에서 최악의 날이야.

Today is the _____ day of my life.

B. 다음 괄호 안의 단어를 활용하여 문장 빈칸을 완성해 보세요.

1 This hat is _____ than that one. (nice)

2 Paul is _____ than Kevin. (light)

3 Trains are _____ than buses. (fast)

4 Health is _____ _____ than money. (important)

5 My feet are _____ than yours. (big)

6 Jason is the _____ boy in the class. (smart)

7 This picture is the _____ _____ among the three. (beautiful)

8 Yesterday was the _____ day of the year. (cold)

9 James plays the piano _____ than Mila. (well)

10 My grade is _____ than yours. (bad)

C. 다음 밑줄 친 부분을 바르게 고쳐 보세요.

1 그녀는 너보다 더 어리다.   She is <u>young</u> than you.   _____

2 나는 엄마보다 더 일찍 도착했다.   I arrived <u>early</u> than my mom.   _____

3 늑대가 곰보다 더 위험 하다.   Wolves are <u>dangerous</u> than bears.   _____

4 기린이 얼룩말보다 더 키가 크다.   Giraffes are <u>tall</u> than zebras.   _____

5 치타가 개보다 더 빠르게 달린다.   Cheetahs run <u>fast</u> than dogs.   _____

6 나는 너보다 더 많이 먹었다.   I ate <u>much</u> than you.   _____

7 7월은 연중 가장 더운 달이다.   July is the <u>hot</u> month of the year.   _____

8 북한산은 서울에서 가장 높은 산이다.   Bukhansan is the <u>high</u> mountain in Seoul.   _____

9 존은 반에서 가장 인기 있는 학생이다.   John is the <u>popularer</u> student in the class.   _____

10 브라질은 세상에서 강이 가장 많다.   Brazil has the <u>many</u> rivers in the world.   _____

고딸영문법

시제부터 의문문까지 개념 확장

Unit 23. 전치사

1. 전치사란?

'전치사'하면 한자 하나를 기억하세요.

前(앞 전)

전치사의 **'전'**이 **'앞'**을 의미하는데요.
명사 앞에 **구체적인 정보**를 제공하는 것을 전치사라고 해요.

그럼 자주 쓰는 전치사를 소개할게요.

at(~에)　　on(~위에)　　in(~안에)　　for(~를 위해)

from(~로부터)　　before(~전에)　　under(~아래)

모두 **명사 앞**에서 시간, 위치 등을 나타내는데요.
<전치사 + 명사(대명사)>는 하나의 보따리처럼 같이 쓰기 때문에
이를 **전치사구**라고 부릅니다.

그럼 전치사는 왜 쓰는 걸까요?

문장에 시간, 장소 등 추가 정보를 제공

이 말이 더 어렵죠?
예를 들어 볼게요.

I got married. (나는 결혼했어.)

'언제'에 해당하는 정보를 **<전치사 + 명사>**로 추가할 수가 있어요.

I got married in 2021. (나는 2021년에 결혼했어.)

in은 '~에'라는 뜻의 전치사고요. 그다음에 2021년이라는 명사가 등장했어요.
'2021년에'라는 <전치사 + 명사> 즉 **전치사구**가 문장에서 **시간 정보**를 제공하고 있어요.

엄마~ 전치사구는 뭔가 부사랑 기능이 같은데요?

맞아! 부사나 전치사구나 모두 추가적인 정보를 제공하니까 영어에서 수식어라고 해.

또 다른 예를 볼게요.

I will meet him. (나는 그를 만날 거야.)

어디에서?

위의 문장에 **장소 정보**를 추가해서 말할 수가 있어요.

I will meet him in the library. (나는 그를 도서관에서 만날 거야.)

in은 '~에서'라는 뜻을 가진 **전치사**예요.
in 다음에 명사 library를 써서 **장소**를 나타내고 있어요.

3. 자주 쓰는 전치사

① 시간 전치사

시간 정보를 나타낼 때 자주 쓰는 전치사를 정리해 봅시다.

전치사	뜻	예
before	~전에	before 12:00 (12시 전에)
after	~후에	after lunch (점심 후에)
until	~까지	until Monday (월요일까지)
for	~동안	for two hours (두 시간 동안)

② 장소 전치사

장소 정보를 나타낼 때 자주 쓰는 전치사를 정리해 봅시다.

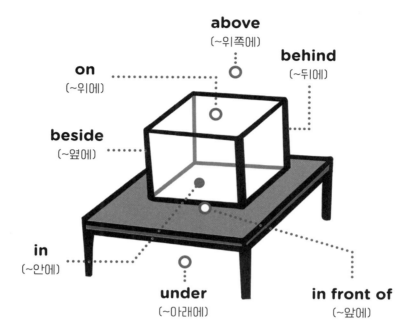

전치사	뜻	예
above	~위쪽에	above the roof (지붕 위쪽에)
on	~위에	on the table (테이블 위에)
in	~안에	in the box (상자 안에)
beside	~옆에(next to, by)	beside the door (문 옆에)
in front of	~앞에	in front of the library (도서관 앞에)
behind	~뒤에	behind you (너의 뒤에)
under	~아래에	under the tree (나무 아래)
between	~사이에(두 명 / 개)	between the desk and the chair (의자와 책상 사이에)
to	~로	to school (학교로)

③ 기타 전치사

시간과 장소 외에도 전치사는 다양한 표현을 할 수 있어요.

전치사	뜻	예
of	~의(소유)	I read the first page of the book. (나는 책의 첫 장을 읽었다.)
about	~에 대해	I don't know anything about him. (나는 그에 대해서 아무것도 모른다.)
with	~와 함께	I will be with you. (나는 너와 함께 있을 것이다.)
without	~없이	I can't live without you. (나는 너 없이 살 수 없다.)
by	(교통수단) ~을 타고, ~에 의해	Tom went there by bus. (Tom은 버스를 타고 거기에 갔다.) This story was written by him. (이 이야기는 그에 의해 쓰였다.)
for	~를 위해서	This book is for you. (이 책은 너를 위한 것이다.)
to	~에게	I sent a letter to her. (나는 그녀에게 편지를 보냈다.)
from	~로부터	I got a gift from Tom. (나는 Tom으로부터 선물을 받았다.)

아빠 ㅠㅠㅠ 전치사가 너무 많아요 ㅠㅠㅠ

예문을 자주 보다 보면 조금씩 천천히 익숙해질 거야~

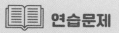 **연습문제**

머리에 콕콕

Unit 23.

다음 <보기>에서 알맞은 말을 골라 빈칸을 완성해 보세요.

보기	개념	규칙	예
• under • with • by • for	전치사	명사 앞에 쓰며 문장에 추가적인 정보를 제공함 형태: 전치사 + 명사(대명사)	I will meet him in the library. (나는 그를 도서관에서 만날 거야.)
	자주 쓰는 전치사	1) 시간: before(~전에), after(~후에), until(~까지), ① _____(~동안)	
		2) 장소: above(~위쪽에), on(~위에), in(~안에), beside(~옆에), in front of(~앞에), behind(~뒤에), ② _____(~아래에), between(~사이에),	
		3) 기타: of(~의), about(~에 대해), ③ _____(~와 함께), without(~없이), ④ _____(~을 타고, ~에 의해), for(~를 위해서), to(~에게), from(~로부터)	

정답 ① for ② under ③ with ④ by

문법 Talk

Unit 23.

매일 10문장

[1-3] 다음 중 우리말에 올바른 것을 고르세요.

1. 나는 2시간 동안 기다렸다. I waited ❨ to / for ❩ two hours.

2. 고양이는 내 옆에 앉았다. The cat sat ❨ beside / on ❩ me.

3. 우리는 영국 출신이다. We are ❨ with / from ❩ England.

[4-10] 다음 <보기>에서 우리말에 알맞은 전치사를 골라 빈칸을 완성하세요.

보기	without	by	about	under	between	to	with

4. 나는 잭과 함께 파티에 갈 것이다.　　　　I will go to the party _____ Jack.

5. 그는 나무 아래에서 고양이 한 마리를 발견했다.　He found a cat _____ the tree.

6. 그녀는 택시를 타고 학교에 갔다.　　　　She went to school _____ taxi.

7. 그것은 너와 나 사이에 비밀이다.　　　　It's a secret _____ you and me.

8. 나는 이 카드를 미아에게 보낼 것이다.　　I will send this card _____ Mia.

9. 사람은 물 없이 살 수 없다.　　　　　　People can't live _____ water.

10. 나는 그녀에 대해서 아무것도 모른다.　　I don't know anything _____ her.

[단어] 2. **sat** 앉았다 [**sit** 앉다] 3. **be from**: ~의 출신이다 7. **secret** 비밀 10. **anything** 무엇, 아무것

[복습] 괄호 안의 단어를 활용하여 문장을 완성해 보세요.

1. 나는 너보다 더 많은 책을 가지고 있다. I have _____ books than you. (many)

2. 나의 점수가 너의 것보다 더 나쁘다. My grade is _____ than yours. (bad)

3. 나는 벤보다 돈을 더 많이 쓴다. I spend _____ money than Ben. (much)

4. 에이미는 반에서 최고의 학생이다. Amy is the _____ student in the class. (good)

5. 나는 진호보다 영어를 더 잘 말할 수 있다. I can speak English _____ than Jinho. (well)

Unit 24. 시간 전치사 at, on, in

1. at, on, in의 공통점과 차이점

오늘은 헷갈리는 **시간 전치사 at, on, in**을 소개할게요.
at, on, in은 우리말로 모두 **'~에'**라는 뜻이에요.

> at, on, in: ~에

우리말로는 같지만 영어에서는 각각의 용도를 구분해야 해요.
이 셋은 어떤 차이가 있을까요?

3단 눈사람을 떠올리면 기억하기 쉬워요.

at — 구체적 시점

on — 날짜, 요일

in — 달, 년, 계절, 시간

제일 위에 있는 at은 **구체적이고 명확한 시간 개념**이고요.
눈 뭉치 밑으로 갈수록 **넓은 기간**을 의미하는데요.
각각의 쓰임을 하나씩 정리해 볼게요.

2. at의 쓰임

먼저, 시간 전치사 at은 날카로운 느낌을 떠올리세요.

at + 구체적인 시점

at은 비교적 정확한 시점에 써요.

at 5:30(5시 30분에)

at 2 o'clock(2시에)

at noon(정오에)

at midnight(자정에)

at lunchtime(점심시간에)

모두 구체적인 시간과 함께 썼죠?

시간 앞에 at!

날카롭고 정확한 이 느낌을 기억하세요.

엄마~ at에서 t를 보면 왠지 시곗바늘처럼 생겼어요 ㅋㅋ

t를 보면 시곗바늘을 떠올리면 되겠어!

Quiz 1

다음 빈칸에 알맞은 전치사를 고르세요.

See you _____ 3 o'clock. (3시에 만나.)

① at   ② on   ③ in

비교적 구체적인 시점 앞에 쓰는 전치사는 at입니다.   정답 ①

3. on의 쓰임

우리 중요한 날에는 달력에 동그라미를 치죠?

on은요. 주로 날짜나 요일과 함께 써요.

on + 날짜, 요일

on의 o와 달력에 표시한 동그라미를
연상해서 기억해 보세요.

on Tuesday(화요일에)   **on my birthday**(내 생일에)
on July 15th(7월 15에)   **on Christmas Day**(크리스마스 날에)

모두 요일이나 날짜, 특정한 날 앞에 on을 썼어요.

Quiz 2

다음 빈칸에 알맞은 전치사를 고르세요.

I will go shopping _____ Tuesday. (나는 화요일에 쇼핑 갈 거야.)

① at   ② on   ③ in

요일 앞에는 전치사 on을 써야 해요.   정답 ②

in은 **일정 기간**을 나타내는 말과 함께 써요.

---

in + 일정 기간 (달, 년, 계절, 기간)

---

in July(7월에)   **in the morning**(아침에)

in 2022(2022년에)   **in the afternoon**(오후에)

in (the) **summer**(여름에)

July(7월)는 31일이라는 기간을 포함하고 있어요.
2022년은 365일이나 되는 기간을 의미해요.
summer(여름)도 주로 6, 7, 8월로 세 달이라는 기간을 의미하죠?
morning(아침)도 몇 시간이고 **afternoon(오후)**도 몇 시간이에요.
이처럼 모두 일정 **시간과 기간**을 포함하기 때문에 in과 함께 써요.

단, **'밤에'**를 의미할 때는 in이 아니라 **at**을 써요.

---

at night(밤에)

왜? night이라는 단어가 생겼을 때는
지금처럼 전기가 훤하게 들어오지 않았을 때였어요.

밤은 어떤 활동을 하는 시간이기 보다는
잠을 자야 하는 시각!
따라서, at을 씁니다.

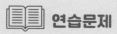

머리에 콕콕

Unit 24.

다음 <보기>에서 알맞은 말을 골라 빈칸을 완성해 보세요.

보기	시간 전치사	규칙	예
• on • at • 계절	① _____	+ 구체적인 시점	at 5:30(5시 30분에) at lunchtime(점심시간에)
	② _____	+ 날짜나 요일 앞	on Tuesday(화요일에) on my birthday(내 생일에)
	in	+ 일정 기간 (달, 년, ③ _____)	in August(8월에) in 2022(2022년에)

정답 ① at ② on ③ 계절

문법 Talk

 고딸영문법2

Unit 24.

매일 10문장

[1-5] 다음 중 올바른 것을 고르세요.

1. We will go to Canada (on / in) December.

2. I have a piano lesson (at / on) 3 o'clock.

3. She will see Mike (on / in) Saturday.

4. I usually have lunch (at / on) noon.

5. You should plant tomatoes (on / in) the spring.

[6-10] 다음 빈칸에 at, on, in 중 알맞은 전치사를 쓰세요.

6. The shop opens _____ 7 o'clock.

7. I will go to church _____ Christmas day.

8. She was in Finland _____ 2019.

9. My dad always reads the newspaper _____ the morning.

10. It is cold _____ night.

[단어] 1. **December** 12월 2. **lesson** 수업 5. **plant** 심다 9. **newspaper** 신문

[복습] 문장의 빈칸을 완성해 보세요.

1. 나는 2시간 동안 기다렸다.　　I waited _____ two hours.

2. 나는 잭과 함께 파티에 갈 것이다.　I will go to the party _____ Jack.

3. 그것은 너와 나 사이에 비밀이다.　It's a secret _____ you and me.

4. 사람은 물 없이 살 수 없다.　　People can't live _____ water.

5. 나는 그녀에 대해서 아무것도 모른다.　I don't know anything _____ her.

1. 장소 전치사 at, on, in

이번에는 **장소 전치사 at, on, in**의 차이점을 살펴볼게요.

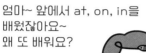

at, on, in 다음에 **시간 명사**가 나오면
'시간 전치사'라고 하고요.

다음에 **장소 명사**가 나오면
'장소 전치사'라고 하는데요.

at, on, in이 장소 명사와 함께 쓸 때도
주로 '~에'라고 해석을 합니다.

at, on, in: ~에

하지만 시간 전치사처럼 셋의 쓰임이 달라요.

at + 구체적인 지점
on + 표면과 닿아 있을 때
in + 비교적 넓은 영역

하나씩 살펴볼게요.

2. at의 쓰임

장소 전치사 at은요~ **구체적인 지점**하고 같이 써요.

> ## at + 구체적인 지점

at의 t를 보며 정확하고 날카로움을 연상해 보세요!

at과 쓰는 지점이 얼마나 구체적이냐면요.

친구에게 이야기했을 때 바로 딱 만날 수 있는 그 곳 앞에 써요.

> **at the bus stop**(버스 정류소에서)
> **at the supermarket**(슈퍼마켓에서)
> **at the concert**(콘서트에서)
> **at the party**(파티에서)

at the concert, at the party처럼 행사도 포함해요.
"콘서트에서 만나!" "파티에서 만나!"

on은 기본적으로 **'~위에'**라는 의미를 포함하고 있어요.
표면, 즉 **위에 닿아 있는 것**을 나타낼 때 써요.

on + 표면과 닿아 있는 것

on the floor
(바닥에)

on the second floor
(2층에)

on the wall
(벽에)

물체가 **수평**이나 **수직** 모두
표면 위에 닿아 있는 상황에는 on을 써요.

다음 빈칸에 알맞은 전치사를 고르세요.

I like the picture _____ the wall. (나는 벽에 있는 그림을 좋아한다.)

① at   ② on   ③ in

'벽에' 해당하는 전치사를 써야 해요. 그림은 벽에 걸려있으니 표면과 닿아 있죠?
따라서 전치사 on을 써야 해요.

정답 ②

4. in의 쓰임

in은 기본적으로 '~안에'라는 뜻이죠?
장소뿐만 아니라 넓은 영역/공간의 느낌까지 포함해서 써요.

in + 비교적 넓은 영역/공간

in Seoul(서울에)

in Korea(한국에)

in the room(방 안에)

in the living room(거실에)

in the lake(호수에)

in the sky(하늘에)

서울과 한국같이 **도시와 나라 이름**은
넓은 영역이기 때문에 in과 함께 쓰고요.
방도 **거실**도 공간 안에 있는 느낌이므로 in을 써요.
호수 영역 안에, **하늘**의 영역 안에도 in을 씁니다.

Quiz 2

다음 빈칸에 알맞은 전치사를 고르세요.

They live _____ England. (그들은 영국에 산다.)

① at   ② on   ③ in

England(영국)은 나라로 넓은 영역을 나타내기 때문에 전치사 in을 써야 합니다.   정답 ③

Q. at 또는 in 둘 다 써도 되는 경우도 있나요?

네! 카페, 도서관, 은행 등을 나타낼 때 둘 다 사용 가능해요.

¹⁾ at the store(상점에)　　**²⁾ in the store**(상점 안에)

단, 의미가 살짝 달라요.

1) at이라고 하면 **구체적인 지점**이라고 했죠?
여러 장소 중에 콕 집어 상점을 의미해요. **화살표로 가리키는 느낌**이에요.

at the store
(상점에)

2) in을 쓰면 **'상점 건물 안'**에 있다는 뜻이에요.

in the store
(상점 안에)

'~안에' 있다는 것을 강조해서 말할 때는
in을 쓰면 돼요.

문법적으로 둘 다 맞고
단순히 뉘앙스 차이이기 때문에
기초 단계에서는 둘의 차이점 때문에 머리 아파하지 마세요.

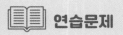

연습문제

Unit 25.

머리에 콕콕

다음 <보기>에서 알맞은 말을 골라 빈칸을 완성해 보세요.

보기
• in
• at
• on

장소 전치사	규칙	예
① _____	+ 구체적인 지점	at the bus stop(버스 정류소에서) at the supermarket(슈퍼마켓에서)
② _____	+ 표면과 닿아 있는 것	on the floor(바닥에) on the wall(벽에)
③ _____	+ 비교적 넓은 영역	in Seoul(서울에) in the living room(거실에)

정답 ① at ② on ③ in

문법 Talk

매일 10문장

[1-5] 다음 중 올바른 것을 고르세요.

1. I live (in / on) Seoul.

2. There are two paintings (at / on) the wall.

3. We met (in / on) the library.

4. There is some water (at / on) the floor.

5. The computer is (on / in) the living room.

[6-10] 다음 빈칸에 at, on, in 중 알맞은 전치사를 쓰세요.

6. There are many stars ＿＿＿＿＿＿ the sky.

7. I saw him ＿＿＿＿＿＿ the concert.

8. My room is ＿＿＿＿＿＿ the second floor.

9. I lost my bag ＿＿＿＿＿＿ the bus stop.

10. He spent his summer vacation ＿＿＿＿＿＿ Hawaii.

[단어] 2. **painting** 그림 6. **star** 별 9. **lost** 잃어버렸다 [**lose** 잃어버리다] 10. **spent** 보냈다 [**spend** 보내다] **vacation** 방학

[복습] 문장의 빈칸을 완성해 보세요.

1. 우리는 12월에 캐나다에 갈 것이다.　　We will go to Canada ＿＿＿＿＿ December.

2. 나는 3시에 피아노 수업이 있다.　　I have a piano lesson ＿＿＿＿＿ 3 o'clock.

3. 나는 크리스마스에 교회에 갈 것이다.　　I will go to church ＿＿＿＿＿ Christmas day.

4. 그녀는 2019년에 핀란드에 있었다.　　She was in Finland ＿＿＿＿＿ 2019.

5. 밤에는 춥다.　　It is cold ＿＿＿＿＿ night.

Unit 26. 접속사

1. 접속사란?

접속사는 뭘까요?

> ### 접속 = 연결

단어와 단어, 문장과 문장을 연결해서
붙여주는 것이 바로 접속사예요.

> ### 단어 + 단어   문장 + 문장

'**+**' 기호 역할을 하는 것이 **접속사**라고 생각하면 됩니다.

2. 단어와 단어를 연결하는 접속사

단어와 단어를 연결하는 대표적인 접속사를 소개할게요.

> **and**(~와)   **or**(~또는 / 아니면)   **but**(~하지만)

바로 예문 적용!

> ### He likes coffee and cake. (그는 커피와 케이크를 좋아한다.)

접속사 and(~와)가 coffee(커피)와 cake(케이크)를 연결하는 역할을 해요.

It's cold but clear today. (오늘은 춥지만 맑아.)

접속사 but(~하지만)이 cold(추운)와 clear(맑은)를 연결하고 있어요.

Quiz 1

Quiz 1

다음 빈칸에 알맞은 접속사를 고르세요.

Do you want orange juice _____ water?

(너는 오렌지 주스 또는 물을 원하니?)

① and　② or　③ but

'~또는, 아니면'은 둘 중 하나를 선택하는 것을 의미하기 때문에 접속사 or를 씁니다.
or가 orange juice와 water를 연결하는 역할을 합니다.

정답 ②

그런데 접속사가 **단어와 단어를 연결**할 때는
아무 단어나 연결하는 것은 아니고요! **기준**이 있어요.

바로 **품사가 같은 단어만 연결해요.**

품사란 우리가 지금까지 공부한
명사, 형용사, 동사, 부사 등을 의미합니다.

명사 + 명사　　　동사 + 동사
형용사 + 형용사　　　부사 + 부사

이처럼 같은 성격을 가진 단어만 접속사가 연결을 할 수 있어요.

그럼 다음 중 알맞은 단어는 무엇일까요?

She is smart and (beautiful / beautifully).

(그녀는 똑똑하고 아름답다.)

and 앞에 있는 **smart**는 **형용사**이죠?
뒤에 연결되는 단어도 형용사가 되어야 해요.

형용사 + 형용사

엄마, 궁금한 게 있어요.
접속사는 딱 두 개의
단어만 연결해요?

아니야,
더 많은 단어들도
연결할 수 있어.

접속사는 품사만 같다면
여러 단어를 연결하기도 해요.

특히 접속사 and와 or는
여러 단어를 연결할 때 자주 쓰는데요.

단어, 단어 and / or 단어

연결하는 단어가 3개 이상일 때는
쉼표로 이어주고 **제일 마지막 단어 앞**에만 **and**나 **or**을 씁니다.

I will buy a chair, a desk and three books.
(나는 의자 한 개와 책상 한 개, 책 세 권을 살 거야.)

a chair, a desk, three books라는 3개의 단어를 연결했죠?
사이사이에 쉼표를 써주고 마지막에만 and를 썼어요.

I have an apple, an orange, a pear and a melon.
(나는 사과 한 개와 오렌지 한 개, 배 한 개, 멜론 한 개를 가지고 있어.)

an apple, an orange, a pear, a melon
4개의 단어를 연결했어요.
사이사이에 쉼표를 써주고 마지막에만 and를 씁니다.

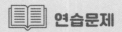
머리에 콕콕

Unit 26.

다음 <보기>에서 알맞은 말을 골라 빈칸을 완성해 보세요.

보기
▪ but
▪ 접속사
▪ or

개념	규칙	예
① _____	단어와 단어, 문장과 문장을 연결하는 단어	coffee and cake(커피와 케이크)
단어를 연결하는 접속사	and(~와), or(~또는 / 아니면), ② _____ (~하지만)	orange juice ③ _____ water (오렌지 주스나 물)
	주의) 연결되는 단어의 품사가 같아야 함	She is smart and beautiful. (그녀는 똑똑하고 아름답다.)
여러 단어를 연결할 때	연결하는 단어 사이에 쉼표를 쓰고, 맨 마지막에 연결하는 단어 앞에 접속사를 씀	I will buy a chair, a desk and three books. (나는 의자 한 개와 책상 한 개, 책 세 권을 살 것이다.)

정답 ① 접속사 ② but ③ or

문법 Talk

매일 10문장

[1-7] 다음 빈칸에 and, or, but 중 알맞은 접속사를 쓰세요.

1. 나는 약간의 연필과 공책을 샀다.　　　　I bought some pencils _____ notebooks.

2. 이 가방은 멋지지만 비싸다.　　　　　　This bag is nice _____ expensive.

3. 톰과 민수는 친구이다.　　　　　　　　Tom _____ Minsu are friends.

4. 너는 이 책을 읽을 거니 아니면 저 책을 읽을 거니?　Will you read this book _____ that book?

5. 나는 피곤하고 배가 고프다.　　　　　　I'm tired _____ hungry.

6. 너는 버스를 타니 아니면 지하철을 타니?　Do you take the bus _____ the subway?

7. 나는 스웨덴과 이탈리아와 프랑스에 갈 것이다.　I will go to Sweden, Italy _____ France.

[8-10] 다음 중 올바른 것을 고르세요.

8. He is strong and (brave / bravely).

9. Emily is sick but (happy / happily).

10. Is he sad or (angry / angrily)?

[단어]　1. **bought** 샀다 [**buy** 사다] **notebook** 공책　5. **tired** 피곤한　6. **subway** 지하철　8. **brave** 용감한

[복습] 문장의 빈칸을 완성해 보세요.

1. 나는 서울에 산다.　　　　　　　　I live _____ Seoul.

2. 바닥에 물이 조금 있다.　　　　　　There is some water _____ the floor.

3. 그 컴퓨터는 거실에 있다.　　　　　The computer is _____ the living room.

4. 하늘에 많은 별들이 있다.　　　　　There are many stars _____ the sky.

5. 나는 버스정거장에서 나의 가방을 잃어버렸다.　I lost my bag _____ the bus stop.

1. 문장과 문장을 연결하는 접속사

이번에는 문장과 문장을 이어주는
접속사를 공부해 볼게요.

> ## 문장 + 문장

다음과 같은 접속사들이 문장을 이어줄 때 자주 써요.

> **and**(그리고)

> **but**(그러나)

> **so**(그래서)

> **because**(왜냐하면)

> **when**(~할 때)

문장을 이어줄 때는 접속사 앞에 쉼표를 써줍니다.
하지만 because와 when은 쉼표가 따로 필요 없어요.

예문을 볼게요.

> **I sang, and he danced.** (나는 노래 불렀고 그는 춤췄다.)

문장 I sang과 문장 He danced를
접속사 and가 이어주고 있어요.

It was rainy, but I went to the park. (비가 왔지만, 나는 공원에 갔다.)

문장 It was rainy와 문장 I went to the park를
접속사 but이 이어주고 있어요.
but은 서로 반대되는 내용을 이어줄 때 써요.

Quiz 1

다음 빈칸에 알맞은 접속사를 고르세요.

I drew a lot _____ I was little. (나는 어렸을 때 그림을 많이 그렸다.)

① and   ② so   ③ when

'어렸을 때'는 '~할 때'를 나타내기 때문에 접속사 when을 씁니다.   정답 ③

2. so와 because의 차이점

so(그래서)는 다음에 결과를 나타내는 문장과 함께 쓰고
because(왜냐하면)는 원인을 나타내는 문장과 함께 써요.

so + 결과
because + 원인

다음 빈칸에는 어떤 접속사가 들어가야 할까요?

I'm sick, _____ I can't go to the park. (나는 아파서 공원에 갈 수 없다.)

I'm sick과 I can't go to the park라는
두 문장을 이어주고 있는데요.
'아파서 그 결과 갈 수 없다'를 의미하기 때문에 **접속사 so**를 써요.

I'm sick, so I can't go to the park.

다음 빈칸에는 어떤 접속사가 들어가야 할까요?

I will go to bed early _____ I'm tired. (나는 피곤하기 때문에 일찍 잘 것이다.)

I will go to bed early와 I'm tired
이 두 문장을 이어주고 있죠?
일찍 자는 **행동의 이유**를 나타내기 때문에 **접속사 because**를 써요.

I will go to bed early because I'm tired.

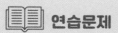 연습문제

머리에 콕콕

Unit 27.

다음 <보기>에서 알맞은 말을 골라 빈칸을 완성해 보세요.

보기
▪ because
▪ ~할 때
▪ 그러나

문장을 연결하는 접속사	뜻	예
and	그리고	I sang, and he danced. (나는 노래 불렀고 그는 춤췄다.)
but	① _____	It was rainy, but I went to the park. (비가 왔지만, 나는 공원에 갔다.)
so	그래서 (결과)	I'm sick, so I can't go to the park. (나는 아파서 공원에 갈 수 없다.)
② _____	왜냐하면 (이유)	I will go to bed early because I'm tired. (나는 피곤하기 때문에 일찍 잘 것이다.)
when	③ _____	I drew a lot when I was little. (나는 어렸을 때 그림을 많이 그렸다.)

정답 ① 그러나 ② because ③ ~할 때

문법 Talk

Unit 27.

매일 10문장

[1-5] 알맞은 접속사를 넣어 빈칸을 완성하세요.

1. 그는 그녀가 그에게 거짓말을 했기 때문에 화가 났다.

   He was angry _____ she told him lies.

2. 그는 돈이 많았지만 행복하지는 않았다.

   He had lots of money, _____ he was not happy.

3. 그녀는 공부를 열심히 해서 시험에 합격했다.

   She studied hard, _____ she passed the test.

4. 아빠가 오실 때 나는 저녁을 먹을 것이다.

   I will have dinner _____ my dad comes back.

5. 나는 지우를 만났고 우리는 박물관에 갔다.

   I met Jiwoo, _____ we went to the museum.

[6-10] 다음 중 올바른 것을 고르세요.

6. I closed the door (because / so) it was so windy.

7. He learned English at school, (and / but) he can't speak English.

8. I didn't buy the shoes (because / so) they were too expensive.

9. You should drive carefully (but / when) it is rainy.

10. It was dark, (because / so) he turned on the light.

[단어]　1. **lie** 거짓말　2. **lots of** 많은　3. **pass** 합격하다　5. **museum** 박물관　6. **windy** 바람이 부는
　　　9. **carefully** 조심스럽게　**rainy** 비가 오는　10. **turn on** 켜다　**light** 전등

[복습] 문장의 빈칸을 완성해 보세요.

1. 나는 약간의 연필과 공책을 샀다.　　I bought some pencils _____ notebooks.

2. 이 가방은 멋지지만 비싸다.　　This bag is nice _____ expensive.

3. 나는 피곤하고 배가 고프다.　　I'm tired _____ hungry.

4. 너는 버스를 타니 아니면 지하철을 타니? Do you take the bus _____ the subway?

5. 나는 스웨덴과 이탈리아와 프랑스에 갈 것이다. I will go to Sweden, Italy _____ France.

Unit 28. 종합 TEST

A. 다음 문제를 풀어 보세요.

[1-3] 다음 <보기>에서 알맞은 전치사를 골라 쓰세요.

보기   after   without   beside

1

나는 점심 식사 후에
숙제를 할 것이다.
I will do my homework
_____ lunch.

2

제니퍼가 큰 나무 옆에 있다.
Jennifer is _____ a tall tree.

3

우리는 물 없이 살 수 없다.
We can't live _____ water.

[4-5] 다음 빈칸에 들어갈 말이 <u>다른</u> 하나를 고르세요.

4 ① I went to China _____ 2018.

② He enjoys snowboarding
_____ winter.

③ I will see him _____ 5 o'clock.

④ She usually takes a bath
_____ the evening.

5 ① She is _____ her room.

② We live _____ England.

③ I saw a rabbit _____ the garden.

④ There is a clock _____ the wall.

[6-7] 다음 중 우리말과 일치하도록 올바른 접속사를 고르세요.

6

나는 어렸을 때 많이 울었다.
I cried a lot (and / when) I was little.

7

나는 배가 고파서 그 샌드위치를 먹었다.
I was hungry, (so / because)
I ate the sandwich.

8 다음 문장에 접속사 because가 들어갈 곳을 고르세요.

I ① wore ② warm clothes
③ it was ④ cold.

[9-10] 다음 우리말과 일치하도록 알맞은 접속사를 쓰세요.

9

내 동생과 나는 중국어를 배운다.
My brother _____ I learn Chinese.

10

그 질문은 어렵지만 흥미롭다.
The question is difficult
_____ interesting.

B. 다음 문장 빈칸을 완성해 보세요.

1 우리는 영국 출신이다.   We are _____ England.

2 나는 이 카드를 미아에게 보낼 것이다.   I will send this card _____ Mia.

3 우리는 12월에 캐나다에 갈 것이다.   We will go to Canada _____ December.

4 나는 보통 정오에 점심을 먹는다.   I usually have lunch _____ noon.

5 나의 방은 2층에 있다.   My room is _____ the second floor.

6 나는 콘서트에서 그를 봤다.   I saw him _____ the concert.

7 나는 약간의 연필과 공책을 샀다.   I bought some pencils _____ notebooks.

8 이 가방은 멋지지만 비싸다.   This bag is nice _____ expensive.

9 아빠가 오실 때 나는 저녁을 먹을 것이다.   I will have dinner _____ my dad comes back.

10 그녀는 공부를 열심히 해서 시험에 합격했다.   She studied hard, _____ she passed the test.

C. 다음 밑줄 친 부분을 바르게 고쳐 보세요.

1 나는 잭과 함께 파티에 갈 것이다. I will go to the party <u>without</u> Jack. _____

2 그는 나무 아래에서 고양이 한 마리를 발견했다. He found a cat <u>on</u> the tree. _____

3 그 가게는 7시에 연다. The shop opens <u>on</u> 7 o'clock. _____

4 나의 아빠는 항상 아침에 신문을 읽으신다.

My dad always reads the newspaper <u>on</u> the morning. _____

5 벽에 두 개의 그림이 있다. There are two paintings <u>at</u> the wall. _____

6 나는 버스 정거장에서 나의 가방을 잃어버렸다. I lost my bag <u>on</u> the bus stop. _____

7 톰과 민수는 친구이다. Tom <u>or</u> Minsu are friends. _____

8 에밀리는 아프지만 행복하다. Emily is sick <u>and</u> happy. _____

9 어두워서 그는 불을 켰다. It was dark, <u>because</u> he turned on the light. _____

10 나는 지우를 만났고 우리는 박물관에 갔다.

I met Jiwoo, <u>but</u> we went to the museum. _____

고딸영문법

시제부터 의문문까지 개념 확장

1. 의문사란?

우리말로 '**누가, 언제, 어디서, 무엇을, 어떻게, 왜**'에 해당하는 말을
의문사라고 해요.

what
(무엇이, 무엇을)

how(어떻게)

where
(어디에서)

why(왜)

when(언제)

who
(누가, 누구를)

의문사를 이용해서 의문문을 만드는 방법은요!
문장에 **be동사**가 있는지,
일반동사가 있는지에 따라 달라져요.

---

1. be동사
<의문사 + be동사 + 주어~?>

---

2. 일반동사
<의문사 + do / does + 주어 + 동사원형~?>

하나씩 살펴볼게요.

2. be동사가 있는 의문사 의문문

우리 먼저 be동사가 있는 문장의 의문문을 만드는 방법부터 떠올려 볼게요.
의문문을 만들 때 **be동사를 문장 맨 앞**에 쓴다고 했죠? [1권 Unit 16]

He is angry. (그는 화가 났다.)

Is he angry? (그는 화가 났니?)

be동사 Is를 맨 앞에 쓰면 의문문이 되었어요.

이때 의문사 의문문을 만든다면?
맨 앞에 의문사를 딱 써주면 됩니다.

Why is he angry? (그는 왜 화가 났니?)

<의문사 + be동사 + 주어~?>의 순서로 썼어요.

Quiz 1

다음 주어진 단어를 바르게 배열하여 의문문을 완성해 보세요.

1) 이것은 무엇이니? (this / is / what)

= _____

2) 너는 왜 슬프니? (are / you / why / sad)

= _____

1) 의문사 what을 먼저 쓰고 be동사 is, 주어 this 순서대로 씁니다. 2) 의문사 why를
먼저 쓰고 be동사 are, 주어 you를 씁니다. 나머지 단어 sad는 끝에 씁니다.

정답 1) What is this? 2) Why are you sad?

의문문을 만들 때는
아무 be동사를 그냥 쓰면 안되고요.

주어가 무엇인지, 시제가 무엇인지
따져보고 써야 합니다.

현재시제	과거시제
① **am**(주어 I)	① **was**(주어 I, 3인칭 단수)
② **are**(주어 you, 복수)	② **were**(주어 you, 복수)
③ **is**(주어 3인칭 단수)	

우리 예전에 다 배웠던 거죠?
그럼 문제 적용!
다음 빈칸에 들어갈 be동사는 뭘까요?

What _____ **these?** (이것들은 무엇이니?)

'무엇이니?' 현재시제. 주어는 these이죠?
these는 '이것들은'이란 뜻으로 **3인칭 복수**
복수를 좋아하는 be동사는 **are**를 씁니다.
are를 썼어요.

What are these?

그럼, 다음 빈칸에는 어떤 be동사를 써야 할까요?

> **When _____ your birthday?** (너의 생일은 언제이니?)

'언제이니?'라고 물으니까 시제는 현재시제!
주어는 your birthday예요. '너의 생일'은 3인칭이고 단수!
3인칭 단수를 좋아하는 be동사 **is**를 써야 합니다.

> **When is your birthday?**

그럼, 다음 빈칸을 완성해보세요.

> **Why _____ you sad yesterday?** (너는 어제 왜 슬펐니?)

어제 왜 슬퍼했는지 이유를 묻는 질문이니 과거시제!
주어가 **you**이니까 be동사 **were**를 씁니다.

> **Why were you sad yesterday?**

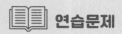

연습문제

머리에 콕콕

Unit 29.

다음 <보기>에서 알맞은 말을 골라 빈칸을 완성해 보세요.

보기	개념	규칙	예
▪ what ▪ where ▪ how	의문사	who(누가, 누구를), when(언제), ① _____(어디에서), what(무엇이, 무엇을), ② _____(어떻게), why(왜)	Who is he? (그는 누구이니?)
	be동사 의문사 의문문	<의문사 + be동사 + 주어~?>	③ _____ are these? (이것들은 무엇이니?)
		주의) 주어와 시제에 따라 be동사가 달라짐	When is your birthday? (너의 생일은 언제이니?)

정답 ① where ② how ③ What

문법 Talk

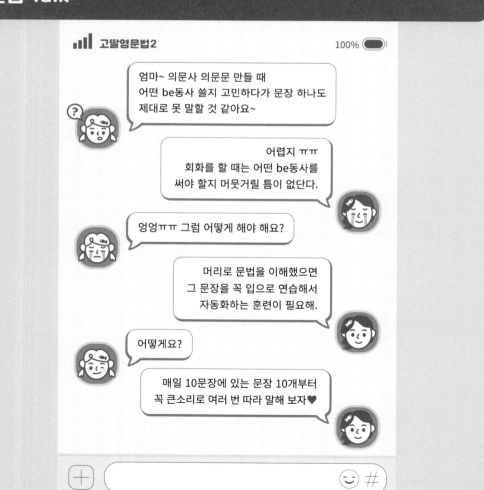

매일 10문장

[1-3] 다음 중 우리말에 알맞은 의문사를 쓰세요.

1. 그녀는 누구이니?   _____ is she?

2. 너는 어디 출신이니?   _____ are you from?

3. 이것은 무엇이니?   _____ is this?

[4-7] 다음 주어진 단어를 바르게 배열하세요.

4. 날씨는 어땠니? (was / how / the weather)

   _____

5. 너의 이름은 무엇이니? (what / your name / is)

   _____

6. 핼러윈은 언제이니? (is / Halloween / when)

   _____

7. 왜 이 드레스는 매우 비싸나요? (so expensive / is / this dress / why)

   _____

[8-10] 다음 중 올바른 것을 고르세요.

8. Where (was / were) you?

9. Why (is / are) you angry?

10. How (is / are) your mother?

[단어] 4. **weather** 날씨 7. **expensive** 비싼

[복습] 다음 중 올바른 것을 고르세요.

1. He had lots of money, (but / because) he was not happy.

2. She studied hard, (but / so) she passed the test.

3. I closed the door (so / because) it was so windy.

4. You should drive carefully (when / but) it is rainy.

5. It was dark, (because / so) he turned on the light.

Unit 30. 일반동사가 있는 의문사 의문문

1. 일반동사가 있는 문장의 의문사 의문문

우리 일반동사 의문문은 어떻게 만들었죠?
현재시제일 때는 **do나 does의 도움**을 받고
과거시제일 때는 **did**의 도움을 받았죠? 여기서도 그대로 적용이 되어요.

> ### He likes dogs. (그는 개들을 좋아한다.)
> ### Does he like dogs? (그는 개들을 좋아하니?)

위의 예문에서 의문문 만들 때 **Does**의 도움을 받았고
동사는 likes가 아닌 **동사원형** like로 썼어요.

일반동사가 있는 의문사 의문문을 만들 때는
순서는 똑같은데요.
문장 맨 앞에 의문사만 붙이면 됩니다.

> ### Why does he like dogs? (그는 왜 개들을 좋아하니?)

<의문사 + do / does + 주어 + 동사원형~?> 순서가 되었어요.

Quiz 1

다음 주어진 단어를 바르게 배열하여 의문문을 완성해 보세요.

1) 너는 어디에 사니? (do / you / where / live)

= _____

2) 그녀는 어떻게 영어를 공부하니? (how / she / study English / does)

= _____

1) 의문사 where을 먼저 써요. 일반동사 의문문이기 때문에 do를 쓰고 주어 you, 동사원형 live순서로 씁니다.
2) 의문사 how를 먼저 가장 씁니다. does를 쓰고, 주어 she, 동사원형 study를 쓴 뒤 나머지 단어 English를 씁니다.

정답 1) Where do you live? 2) How does she study English?

2. do, does, did 구분

do, does, did를 쓸 때
주어가 무엇인지 시제가 무엇인지 따져봐야 해요.

현재시제	과거시제
① **do** ② **does**(주어가 3인칭 단수)	**did**

현재시제이면 **do**나 **does**를 써야 하는데요.
주어가 **3인칭 단수**일 때는 **does**를 씁니다.
과거시제일 때는 주어에 상관없이 무조건 **did**를 써요.

다음 빈칸에 do, does, did 중에 무엇을 써야 할까요?

When _____ you ride your bike? (너는 언제 자전거를 타니?)

보통 언제 자전거를 타는지 묻는 현재시제 문장이에요.
여기서 주어는 **you**이죠? 따라서 **do가 출동**해야 해요.

When do you ride your bike?

그럼, 다음 빈칸에 들어갈 말은 뭘까요?

Where _____ **your dog sleep?** (너의 개는 어디에서 자니?)

개가 주로 어디에서 자는 지 묻는 질문으로 현재시제예요.
주어는 your dog이죠?
나, 너가 아니니까 3인칭이고 한 마리를 의미하니 단수!
즉 **3인칭 단수**이기 때문에
does를 써야 해요.

Where does your dog sleep?

한 문제 더 풀어볼까요?

What _____ **you do last night?** (너 어젯밤에 뭐했니?)

어젯밤에 한 일에 대해서 물어보는 의문문이죠?
어젯밤은 **과거**이니까 과거를 나타내는
did를 써야 합니다.

What did you do last night?

Q. Who likes her? 이 문장에는 왜 do나 does가 없어요? 이상해요!

일반동사가 있는 문장에서
who가 '**누가**' **what**이 '**무엇이**'라는 뜻으로 쓸 때는 do나 does를 쓰지 않아요.

누가, 무엇이	누구를, 무엇을
do / does를 쓰지 않아요!	do / does의 도움을 받아요.

왜 그럴까요?
'누가'나 '무엇이'는 '~가, ~이'로 끝나니 **주어**예요.
주어가 누구인지, 무엇인지 모를 때 물어보는 의문문에는
주어를 몰라서 당황스러우니까 do나 does 도움조차 받을 수가 없어요.

¹⁾ **Who likes you?** (**누가** 너를 좋아해?)

²⁾ **Who do you like?** (너는 **누구를** 좋아해?)

1)은 '**누가**'에 해당하는 의문문이에요. 주어를 모르기 때문에
do나 does의 도움을 받지 않아요.
그리고 의문사 다음에 바로 **일반동사**를 써요. **<의문사 + 일반동사~?>**

2)는 '**누구를**'에 해당하는 의문문이에요.
이때는 우리가 공부한 대로 do와 does의 도움을 받아요.
따라서 **<의문사 + do / does + 주어 + 동사원형~?>** 순서로 썼어요.

헷갈리죠? 기초 단계에서는 일단 do와 does를 쓰는 순서부터 익혀 두시고요.
의문사 바로 다음에 일반동사가 있는 의문문을 발견하면
who는 '**누가**' **what**은 '**무엇이**'라는 뜻으로 썼다고 생각하면 됩니다.

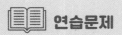

Unit 30.

머리에 콕콕

다음 <보기>에서 알맞은 말을 골라 빈칸을 완성해 보세요.

보기	개념	쓰임	예
▪ is ▪ 동사원형 ▪ did	의문사 문장 순서	일반동사가 있는 문장 : 의문사 + do / does / did + 주어 + ① _____?	When do you have dinner? (너는 언제 저녁을 먹니?)
		비교) be동사가 있는 문장 : 의문사 + be동사 + 주어~?	What ② _____ this? (이것은 무엇이니?)
		주의) 주어가 3인칭 단수일 때는 does를 쓰고 과거시제일 때는 ③ _____를 씀	What did you do last night? (너는 어젯밤에 뭐 했니?)

정답 ① 동사원형 ② is ③ did

문법 Talk

매일 10문장

[1-3] 다음 중 우리말에 알맞은 의문사를 쓰세요.

1. 너는 어디에 사니?   _____ do you live?

2. 그는 무엇을 원하니?   _____ does he want?

3. 너는 언제 점심을 먹었니?   _____ did you have lunch?

[4-7] 다음 주어진 단어를 바르게 배열하세요.

4. 너는 무엇을 좋아하니? (do / what / like / you)

   _____

5. 그녀는 어디에서 일했니? (she / where / work / did)

   _____

6. 그들은 과학을 어떻게 공부했니? (did / they / how / study science)

   _____

7. 당신은 왜 선생님이 되었습니까? (become a teacher / why / you / did)

   _____

[8-10] 다음 중 올바른 것을 고르세요.

8. 너는 어제 무엇을 했니?   What (do / did) you do yesterday?

9. 너는 언제 등산하러 가니?   When (do / does) you go hiking?

10. 그녀는 왜 중국어를 배우니?   Why does she (learn / learns) Chinese?

[단어] 6. **science** 과학 9. **go hiking** 등산하러 가다 10. **learn** 배우다 **Chinese** 중국어

Unit 29 복습 TEST

[복습] 문장의 빈칸을 완성해 보세요.

1. 이것은 무엇이니?   _____ is this?

2. 너의 이름은 무엇이니?   _____ is your name?

3. 핼러윈은 언제이니?   _____ is Halloween?

4. 너는 어디에 있었니?   _____ were you?

5. 너의 어머니는 어떻게 지내시니?   How _____ your mother?

의문사 중에서
what과 **how**를 활용하면 좀 더 **구체적으로** 질문할 수가 있어요.

1. What + 명사

의문사 **what** 다음에 **명사**를 쓰면
구체적인 시간, 날, 크기 등을 물어볼 수가 있어요.

> ### What + 명사: 무슨 ~, 몇 ~

사실 여러분은 이미 이 구조에 매우 친숙해요.
'몇 시니?'를 영어로 말해볼까요?

> ### What time is it?

What 다음에 명사 time(시간)이 딱 붙어서 '몇 시'라는 표현이 되었어요.
이처럼 what과 명사를 붙이면 다양한 질문이 가능해요.

> **What day is it today?** (오늘이 무슨 요일이니?)
> **What date is it today?** (오늘이 며칠이니?)
> **What size is this sweater?** (이 스웨터는 무슨 사이즈이니?)

모두 what 다음에 명사를 쓴 것을 확인하세요.

2. How + 형용사/부사

how는 '어떻게, 어떤'이란 뜻으로, 형용사와 부사와 같이 써서
다양한 질문을 만들 수 있어요.

How + 형용사/부사: 얼마나 ~

사실 이 구조도 여러분은 이미 잘 알고 있어요.
'너 몇 살이야?'는 영어로 뭘까요?

How old are you?

How 다음에 형용사 old(나이 든)를 붙여서 썼어요.
(너 얼마나 나이가 들었니? = 너 몇 살이니?)

더 많은 예를 볼게요.

1) How tall are you? (너는 키가 얼마나 크니? = 너는 키가 몇이니?)
2) How often do you go shopping? (너는 얼마나 자주 쇼핑을 가니?)

1) How 다음에 형용사 tall(키가 큰)을 써서 **키**를 묻고 있어요.
2) How 다음에 부사 often(자주)을 써서 **횟수**를 물어보고 있어요.

이처럼 how 다음에 **형용사**나 **부사**를 같이 쓰면
질문을 구체적으로 할 수 있답니다.

3. How many와 How much의 차이점

<How + 형용사>로 시작하는 의문문에서
많은 분들이 헷갈려 하는
How many와 How much의 차이점을 짚고 넘어갈게요.

How many ~? How much ~?

우리 예전에 many와 much의 차이를 공부했었는데요. [1권 Unit 22]
many는 셀 수 있는 명사와 쓰고, much는 셀 수 없는 명사와 쓰죠?
의문문을 만들 때도 이 법칙이 그대로 적용됩니다.

How many + 셀 수 있는 명사: 몇 개~?
How much + 셀 수 없는 명사: 얼마나 많은~?

문제를 바로 풀어볼게요.

How _____ apples do you have? (너는 사과가 몇 개 있니?)

빈칸에 many를 쓸까요 아니면 much를 쓸까요?

apple은 셀 수 있는 명사!
셀 수 있는 명사와 함께 쓰는 것은 바로 **many**입니다.
여러 개를 의미하니 apple 뒤에 s를 붙여 **apples**라고 쓴 것도 확인하세요.

How many apples do you have?

How _____ money do you have? (너는 돈이 얼마나 있니?)

돈은 셀 수 있을까요? 없을까요?
돈은 형태와 가치가 다르기 때문에
셀 수 없는 명사라고 했어요.
셀 수 없는 명사와 함께 쓰는 것은 **much**예요.

money는 셀 수 없기 때문에 복수형으로 쓰지 않고
그대로 **money**라고 쓴 것도 함께 확인하세요.

How much money do you have?

Quiz 1

다음 빈칸에 알맞은 말을 고르세요.

How _____ children do you have? (당신은 아이들이 몇 명 있어요?)

① many   ② much

children은 '아이들'이란 뜻으로 child의 복수형이에요.
children은 셀 수 있는 명사이므로 many와 함께 써야 합니다.

정답 ①

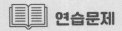

머리에 콕콕

Unit 31.

다음 <보기>에서 알맞은 말을 골라 빈칸을 완성해 보세요.

보기
- much
- what
- how

개념	쓰임	예
① _____ + 명사	무슨 ~니? / 몇 ~이니?	What day is it today? (오늘이 무슨 요일이니?)
How + 형용사/ 부사	얼마나 ~하니?	② _____ tall are you? (너는 얼마나 키가 크니? = 너는 키가 몇이니?)
	How many + 셀 수 있는 명사 How ③ _____ + 셀 수 없는 명사	How many apples do you have? (너는 사과가 몇 개 있니?)

정답 ① What ② How ③ much

문법 Talk

매일 10문장

[1-4] 다음 <보기>에서 알맞은 말을 골라 빈칸을 완성해 보세요.

| 보기 | what size | how heavy | how often | what date |

1. 이 상자는 얼마나 무겁니?　　　　_____ _____ is this box?

2. 너는 얼마나 자주 자전거를 타니?　　_____ _____ do you ride a bike?

3. 이것은 무슨 사이즈이니?　　　　_____ _____ is this?

4. 오늘이 며칠이니?　　　　　_____ _____ is it today?

[5-8] 다음 빈칸에 many나 much를 쓰세요.

5. How _____ pencils do you have?

6. How _____ cats does he have?

7. How _____ rice do you want?

8. How _____ water do you drink a day?

[9-10] 다음 주어진 단어를 바르게 배열하세요.

9. 에밀리는 몇 살이니? (old / is / how / Emily)

　_____

10. 너의 폰은 무슨 색깔이니? (color / your phone / is / what)

　_____

[단어]　8. **drink** 마시다 **a day** 하루에　10. **color** 색깔

[복습] 문장의 빈칸을 완성해 보세요.

1. 너는 어디에 사니?　　　　_____ do you live?

2. 그는 무엇을 원하니?　　　_____ does he want?

3. 그녀는 어디에서 일했니?　　_____ did she work?

4. 당신은 왜 선생님이 되었습니까?　_____ did you become a teacher?

5. 너는 어제 무엇을 했니?　　_____ did you do yesterday?

Unit 32. There is, There are

1. There is, There are의 뜻

There is와 There are는요. '거기에' 이런 뜻이 아니고요.
통째로 '~가 있다'라는 뜻이에요.

> ### There is, There are: ~가 있다

그럼, 다음 중 there가 '거기에'로 해석되지 <u>않은</u> 것은 무엇일까요?

(A) **I will be there soon.**   (A) 나는 곧 거기에 있을 것이다.

(B) **I can't go there.**   (B) 나는 거기에 갈 수 없다.

(C) **There is a book on the desk.**   (C) 책상 위에 책이 한 권 있다.

정답은 바로 (C)예요.
(C)는 **There is**는 '거기에'라는 뜻이 아니라
통째로 **'~가 있다'**로 해석해요.

there가 혼자 쓰면
'거기에'라는 뜻!

There is,
There are로 쓰면
'~가 있다'라는 뜻!

2. There is, There are의 차이점

There is와 There are 다음에는 **명사**를 쓰는데요.
There is 다음에는 **단수명사**를 쓰고
There are 다음에는 **복수명사**를 써요.

There is + 단수명사   There are + 복수명사

외우지 말고 생각해 보세요.
be동사 **is**는 **3인칭 단수**와 쓰고
be동사 **are**는 **복수**하고 쓰죠?
그 규칙이 그대로 적용되어요.

There is a cat under the table.
(테이블 밑에 고양이 한 마리가 있다.)

a cat은 '고양이 한 마리'로 **단수명사**죠?
따라서 There **is**를 썼어요.

There are two cats under the table.
(테이블 밑에 고양이 두 마리가 있다.)

two cats는 '고양이 두 마리'로 **복수명사**죠?
따라서 There **are**를 썼어요.

2. There is, There are의 차이점

Quiz 1

다음 빈칸에 알맞은 말을 고르세요.

There _____ a bus at 10. (10시에 버스가 있다.)

① is　② are

a bus는 '버스 한 대'로 단수명사죠? 단수명사와 쓰는 be동사는 is예요.　정답 ①

3. There is, There are + 전치사구

<There is / are + 명사>의 구조를 살펴봤는데요.
'~가 있다'라는 뜻이기 때문에
보통 '어디에'나 '언제'에 해당하는 **전치사구**와 같이 써요.

> # 전치사구 = 전치사 + 명사

예문을 볼게요.

There are some boys in the park. (공원에 몇 명의 소년들이 있다.)

in the park는 '공원에서'라는 뜻으로
전치사구를 문장 맨 뒤에 썼어요.

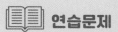

Unit 32.

머리에 콕콕

다음 <보기>에서 알맞은 말을 골라 빈칸을 완성해 보세요.

보기	개념	규칙	예
▪ ~가 있다	There is / are	뜻: ① _____	There is a book on the desk. (책상 위에 책이 한 권 있다.)
▪ are ▪ is	차이점	There ② _____ + 단수명사	There is a cat under the table. (테이블 밑에 고양이 한 마리가 있다.)
		There ③ _____ + 복수명사	There are two cats under the table. (테이블 밑에 고양이 두 마리가 있다.)
	전치사구	전치사 + 명사	in the park(공원에), at 10(10시에)

정답 ① ~가 있다 ② is ③ are

문법 Talk

Unit 32.

매일 10문장

[1-3] 다음 문장을 해석해 보세요.

1. There are two people in the café.

   _____

2. There is a department store in the city.

   _____

3. There are some tomatoes on the table.

   _____

[4-7] 다음 빈칸에 is나 are를 쓰세요.

4. There _____ a big supermarket near the library.

5. There _____ twenty students in the class.

6. There _____ some apples in the basket.

7. There _____ a cat on the fence.

[8-10] 다음 주어진 단어를 바르게 배열하세요.

8. 공원 안에 자전거들이 많이 있다. (in the park / are / many bikes / there)

   _____

9. 나의 집 앞에 차 두 대가 있다. (there / two cars / are / in front of my house)

   _____

10. 화장실에 거미 한 마리가 있다. (is / a spider / in the bathroom / there)

   _____

[단어] 1. **people** 사람들 2. **department store** 백화점 4. **near** 근처에 6. **basket** 바구니 7. **fence** 담장
10. **spider** 거미 **bathroom** 화장실

[복습] 문장의 빈칸을 완성해 보세요.

1. 이 상자는 얼마나 무겁니?   _____ _____ is this box?

2. 오늘이 며칠이니?   _____ _____ is it today?

3. 너는 연필이 몇 개 있니?   _____ _____ pencils do you have?

4. 에밀리는 몇 살이니?   _____ _____ is Emily?

5. 너의 폰은 무슨 색깔이니?   _____ _____ is your phone?

우리 영어에서 모든 문장은

<주어 + 동사~>로 시작한다고 공부했었죠? [1권 Unit1]

오늘은 이 규칙을 깨는 문장!
바로 명령문에 대해서 공부해 볼게요.

1. 명령문이란?

명령문은 '멈춰!' '앉아!' '일어나'처럼 누군가에게 명령하는 문장이에요.

> **명령문**(~해라) **= 동사원형 ~.**

명령할 때는 그 대상이 You이지만
이는 너무 당연하니까 You를 생략하고
바로 **동사원형**으로 문장을 시작합니다.

> **Stop!** (멈춰!)
> **Sit down.** (앉아.)
> **Stand up.** (일어나.)

모두 주어 없이 **동사원형**으로 시작해요.

Quiz 1

다음 중 명령문을 골라 보세요.

① **You opened the door.**

② **Open the door.**

명령문은 주어 없이 써야 해요. ①은 '네가 문을 열었다.'라는 뜻으로
단순 과거사실을 말하고 있어요. ②는 '문을 열어라.'라는 뜻으로 명령문이에요.   정답 ②

그럼 '조용히 해'는 영어로 뭘까요?

¹⁾ **Are quiet.**   ²⁾ **Be quiet.**

명령문은 동사원형으로 시작해야 하죠?
따라서 정답은 2)번이에요.
am, are, is는 be동사이고
be동사의 동사원형은 **Be**이기 때문입니다.

Be quiet. (조용히 해.)

2. 부정 명령문

명령문은 '~해라'라는 뜻이죠?
부정 명령문은 '~하지 마라'라는 뜻이에요.

부정 명령문: ~하지 마라

바로 명령문 맨 앞에 Do not의 줄임형
Don't만 쓰면 됩니다.

Don't + 동사원형 ~.

예문을 비교해 볼게요.

[명령문] **Look at me.** (나를 봐.)

[부정 명령문] **Don't look at me.** (나를 보지 마.)

명령문은 동사원형 **Look**를 문장 맨 앞에 썼고요.
부정 명령문은 look 앞에 **Don't**를 붙였어요.

Quiz 2

다음 문장에 알맞은 말을 쓰세요.

_____ **be late.** (늦지 마.)

'~하지 마'라는 부정 명령문이에요. Don't로 시작하면 됩니다.
그리고 Don't 다음에는 꼭 동사원형을 쓴다는 점도 꼭 기억하세요.

정답 Don't

여기서 꿀팁!
명령문과 부정 명령문을
보다 **부드럽고 정중**하게 말하고 싶을 때는
문장 앞이나 뒤에 please를 붙이면 됩니다.

Please be careful. (조심해 주세요.)

Please answer my question. (제 질문에 답을 해 주세요.)

Don't be noisy, please. (떠들지 말아 주세요.)

please를 붙이면 '~해 주세요, ~하지 말아 주세요'처럼
좀 더 정중한 표현이 되어요.

제안문은 상대방에게 '(우리) ~하자'라고 제안하는 문장이에요.

제안문: ~ 하자

제안문을 만드는 방법은
동사원형 앞에 **Let's**만 붙이면 됩니다.
Let's는 **Let us**의 줄임말이에요.

Let's + 동사원형 ~.

예문을 볼게요.

Let's have lunch together. (점심을 같이 먹자.)
Let's study together. (같이 공부하자.)

Let's 다음에 **동사원형**을 쓴 것을 꼭 확인하세요.

동사원형만 쓰면 명령문!
그 앞에 Don't를 붙이면
부정 명령문!

Let's로 시작하면
제안문!

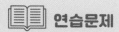
머리에 콕콕

다음 <보기>에서 알맞은 말을 골라 빈칸을 완성해 보세요.

보기	개념	규칙	예
▪ Let's ▪ Stand ▪ Don't	명령문	동사원형~ : ~해라	① _____ up, please. (일어서세요.)
	부정 명령문	② _____ + 동사원형: ~하지 마	Don't be late. (늦지 마.)
	제안문	③ _____ + 동사원형: (우리) ~하자	Let's go home. (집에 가자.)

정답 ① Stand ② Don't ③ Let's

문법 Talk

매일 10문장

[1-5] 다음 중 우리 말에 알맞은 것을 고르세요.

1. 일찍 일어나.　　　　　(Get up / Don't get up) early.

2. 정직해라.　　　　　　(Be / Is) honest.

3. 기차를 타고 가자.　　　(Don't / Let's) take the train.

4. 여기서 뛰지 마세요.　　(Don't / Let's) jump here, please.

5. 천천히 운전해주세요.　Please (drive / drives) slowly.

[6-10] 다음 밑줄 친 부분이 맞으면 O, 틀리면 X를 하고 바르게 고치세요.

6. 너의 숙제를 해.　　　<u>Does</u> your homework.　　　_____

7. 시끄럽게 하지 마.　　Don't <u>be</u> noisy.　　　_____

8. 노래를 함께 부르자.　Let's <u>sings</u> together.　　　_____

9. 크게 말하지 마세요.　Please <u>not</u> speak loudly.　　　_____

10. 축구하자.　　　　　Let's <u>play</u> soccer.　　　_____

[단어]　1. **get up** 일어나다　2. **honest** 정직한　5. **slowly** 천천히　7. **noisy** 시끄러운　9. **loudly** 크게

[복습] 문장의 빈칸을 완성해 보세요.

1. 도시에는 백화점이 한 개 있다.　　_____ _____ a department store in the city.

2. 테이블 위에 토마토가 조금 있다.　　_____ _____ some tomatoes on the table.

3. 교실에는 20명의 학생들이 있다.　　_____ _____ twenty students in the class.

4. 담장에 고양이 한 마리가 있다.　　There _____ a cat on the fence.

5. 나의 집 앞에 차 두 대가 있다.　　_____ _____ two cars in front of my house.

Unit 34. 종합 TEST

A. 다음 문제를 풀어 보세요.

[1-3] 다음 대화의 빈칸에 알맞은 것을 고르세요.

1

> A: _____ is that woman?
>
> B: She is my aunt.

① Who ② Where

③ When ④ How

2

> A: _____ is your name?
>
> B: My name is Stella.

① Why ② Where

③ When ④ What

3

> A: _____ did you study?
>
> B: I studied in the library.

① Why ② Where

③ When ④ How

4 다음 주어진 단어를 바르게 배열하세요.

> 무슨 색을 너는 좋아하니?
>
> (color / do / you / what / like)
>
> _____

5 다음 빈칸에 many를 쓸 수 <u>없는</u> 것을 고르세요.

① How _____ hats do you have?

② How _____ pens does she have?

③ How _____ money do you have?

④ How _____ cats does he have?

[6-7] 다음 빈칸에 is와 are 중 알맞은 말을 쓰세요.

6 There _____ many dogs in the park.

7 There _____ a cat under the table.

8 다음 밑줄 친 부분이 올바르지 <u>않은</u> 것을 고르세요.

① There <u>is</u> a train at 8 o'clock.

② There <u>are</u> balls under the chair.

③ There <u>are</u> some books on the table.

④ There <u>is</u> many flowers in the garden.

[9-10] 다음 우리말과 일치하도록 빈칸에 알맞은 말을 쓰세요.

9 포기하지 마. _____ give up.

10 해변에 가자. _____ go to the beach.

B. 다음 문장 빈칸을 완성해 보세요.

1 날씨는 어땠니?   _____ was the weather?

2 너는 왜 화가 났니?   _____ are you angry?

3 너의 어머니는 어떻게 지내시니?   _____ is your mother?

4 그녀는 어디에서 일했니?   _____ did she work?

5 오늘이 며칠이니?   _____ date is it today?

6 너는 얼마나 많은 밥을 원하니?   How _____ rice do you want?

7 나의 집 앞에 차 두 대가 있다.   There _____ two cars in front of my house.

8 도시에는 백화점이 한 개 있다.   There _____ a department store in the city.

9 여기서 뛰지 마세요.   _____ jump here, please.

10 노래를 함께 부르자.   _____ sing together.

C. 다음 밑줄 친 부분을 바르게 고쳐 보세요.

1 너는 어제 무엇을 했니?   What <u>do</u> you do yesterday?   _____

2 너는 언제 점심을 먹었니?   <u>Where</u> did you have lunch?   _____

3 에밀리는 몇 살이니?   <u>What</u> old is Emily?   _____

4 너는 얼마나 자주 자전거를 타니?   <u>What</u> often do you ride a bike?   _____

5 너는 하루에 물을 얼마나 마시니?   How <u>many</u> water do you drink a day?   _____

6 도서관 근처에 큰 슈퍼마켓이 한 개 있어. There <u>are</u> a big supermarket near the library. _____

7 테이블 위에 토마토가 조금 있어.   There <u>is</u> some tomatoes on the table. _____

8 기차를 타고 가자.   Let's <u>took</u> the train.   _____

9 시끄럽게 하지 마.   Don't <u>is</u> noisy.   _____

10 일찍 일어나.   <u>Gets</u> up early.   _____

고딸영문법
1 & 2권 총괄 TEST

Unit 35. 1 & 2권 총괄 TEST 1

1 다음 중 빈칸에 들어갈 수 <u>없는</u> 것을 고르세요.

> I bought a _____.

① book   ② bike

③ bananas   ④ desk

2 다음 밑줄 친 부분이 <u>잘못된</u> 것을 고르세요.

① I have <u>a</u> computer.

② She gave me two <u>pens</u>.

③ We need two <u>apple</u>.

④ He has two <u>sons</u>.

3 다음 밑줄 친 부분을 바꿔 쓸 수 있는 말을 고르세요.

> <u>Lucy and I</u> will go to the library.

① She   ② We

③ They   ④ He

4 다음 중 올바른 것을 고르세요.

> (This / These) book is interesting.

5 다음 빈칸에 알맞은 말을 쓰세요.

> A: _____ she like fish?
>
> B: Yes, she does.

6 다음 밑줄 친 부분이 <u>잘못된</u> 것을 고르세요.

① He <u>runs</u> every morning.

② She <u>teach</u> Korean.

③ We <u>go</u> to the same school.

④ She <u>lives</u> in Australia.

7 다음 문장을 부정문으로 만들어 보세요.

She has a cat.

_____

8 다음 빈칸에 공통으로 들어갈 알맞은 동사를 쓰세요.

> She _____ a student. 그녀는 학생이다.
>
> The dog _____ brown. 그 개는 갈색이다.

9 다음 중 빈칸에 들어갈 수 <u>없는</u> 것을 고르세요.

> That train is _____.

① long   ② fast

③ quickly   ④ noisy

10 다음 문장에 always를 넣어 문장을 다시 쓰세요.

She goes to school by subway.

_____

[11-12] 다음 문장을 과거형으로 바꿀 때 빈칸에
알맞은 말을 쓰세요.

11

I am sick.

I _____ sick.

12

I eat pizza.

I _____ pizza.

13 다음 밑줄 친 부분이 잘못된 것을 고르세요.

① I didn't <u>sleep</u> well last night.

② He <u>visited</u> his uncle last week.

③ Did you <u>cleaned</u> your room?

④ I <u>helped</u> my mom yesterday.

14 다음 주어진 단어를 바르게 배열하여 문장을
완성하세요.

나는 가방을 사지 않을 것이다.

(going / not / buy a bag / to / I'm)

15 다음 괄호 안의 동사를 사용하여 빈칸을 완성하
세요.

그는 자전거를 타고 있는 중이야. (ride)

He _____ _____ a bike.

16 다음 빈칸에 들어갈 말로 알맞은 것을 고르세요.

I'm _____ than you.

① tall   ② taller

③ more tall   ④ tallest

17 다음 빈칸에 공통으로 알맞은 전치사를 쓰세요.

I have a class _____ 8 o'clock.

Let's meet _____ the bus stop.

[18-20] 다음 중 알맞은 것을 고르세요.

18

나는 아팠기 때문에 나의 숙제를 하지 않았다.

I didn't do my homework
(so / because) I was sick.

19

너는 얼마나 자주 영어를 공부하니?

(How / What) often do you
study English?

20

조심해.

(Are / Be) careful.

1 다음 중 빈칸에 an을 써야 하는 것을 고르세요.

① My dad is _____ doctor.

② He is driving _____ bus.

③ I saw _____ cat.

④ Could you pass me _____ egg?

2 다음 중 빈칸에 알맞은 것을 고르세요.

She has a _____.

① water　　② box

③ money　　④ bread

3 다음 중 빈칸에 들어갈 수 없는 것을 고르세요.

_____ are from England.

① We　　② They

③ Mike　　④ The boys

4 괄호 안의 동사를 활용하여 빈칸을 완성하세요.

그는 매일 아침 커피를 마신다.

He _____ coffee
every morning. (drink)

5 다음 밑줄 친 부분이 잘못된 것을 고르세요.

① I don't like this book.

② She doesn't have many friends.

③ Sam doesn't study history.

④ We doesn't live here.

[6-7] 빈칸에 알맞은 말을 쓰세요.

6

We _____ like math.
우리는 수학을 좋아하지 않는다.

7

_____ is Wednesday.
수요일이다.

[8-9] 다음 중 올바른 것을 고르세요.

8

나는 그의 이름을 모른다.
I don't know (him / his) name.

9

그녀는 친구가 거의 없다.
She has (a few / few) friends.

10 다음 중 빈칸에 some을 쓸 수 없는 것을 고르세요.

① He took _____ medicine.

② I don't have _____ money.

③ Would you like _____ coffee?

④ He needs _____ pens.

11 다음 빈칸에 알맞은 것을 고르세요.

> I _____ her last winter.
>
> 나는 그녀를 지난 겨울에 만났어.

① meet   ② meets

③ met   ④ will meet

[12-14] 다음 중 올바른 것을 고르세요.

12

> 너는 춤추고 있는 중이니?
>
> Are you (dance / dancing)?

13

> 나는 오늘 요리하지 않을 것이다.
>
> I won't (cook / cooked) today.

14

> 너는 냄비를 만져서는 안된다.
>
> You (don't have to / must not)
> touch the pot.

15 다음 문장에 should가 들어갈 곳을 고르세요.

> You ① wash ② your hands
> ③ before meals ④.
>
> 너는 식사 전에 손을 씻어야 한다.

[16-17] 괄호 안의 단어를 변형하여 문장을 완성하세요.

16

> Her painting is
> _____ than mine. (good)

17

> Jack is the _____ _____
> student in the class. (diligent)

18 다음 빈칸에 공통적으로 들어갈 전치사를 쓰세요.

> She was a student _____ 2020.
> My cat is _____ the living room.

[19-20] 다음 대화의 빈칸에 알맞은 의문사를 쓰세요.

19

> A: _____ were you late?
> B: Because I missed the bus.

20

> A: _____ many children
> does she have?
> B: She has two children.

Unit 1. be동사의 과거형 016쪽

1. was 2. was 3. were 4. Tom was angry.
5. They were good friends.
6. I was not[wasn't] sad. 7. wasn't
8. weren't 9. Were 10. weren't

Unit 2. 일반동사의 과거형 021쪽

1. 현재시제 2. 현재시제 3. 과거시제 4. starts
5. walked 6. jumped 7. cleaned 8. finished
9. laughed 10. washed

[Unit 1 복습 TEST] 1. was 2. were 3. wasn't
4. weren't 5. Were

Unit 3. 일반동사 과거형 만드는 방법 026쪽

1. like 2. lived 3. studied 4. stayed
5. cried 6. dropped 7. baked 8. stopped
9. smiled 10. played

[Unit 2 복습 TEST] 1. wanted 2. walked
3. jumped 4. cleaned 5. washed

Unit 4. 동사의 3단 변화형 033쪽

1. get 2. wrote 3. ate 4. saw 5. had
6. read 7. came 8. took 9. rode 10. wore

[Unit 3 복습 TEST] 1. lived 2. stayed
3. dropped 4. stopped 5. played

Unit 5. 일반동사 과거시제의 부정문, 의문문 만들기! 040쪽

1. I did not[didn't] see Jane last night.
2. He did not[didn't] drive his car.
3. Did she buy a computer?
4. Did they go to school? 5. meet 6. have
7. do 8. read 9. did 10. didn't

[Unit 4 복습 TEST] 1. wrote 2. saw 3. came
4. took 5. wore

Unit 6. 미래시제 will 046쪽

1. will make 2. will rain 3. send
4. be 5. will not 6. won't
7. I will not[won't] be busy.
8. Will Anna go shopping? 9. will 10. won't

[Unit 5 복습 TEST] 1. didn't 2. buy 3. meet
4. do 5. find

Unit 7. 미래시제 be going to 052쪽

1. am going to buy 2. is 3. watch 4. be
5. Are 6. She is not[isn't] going to call you.
7. Is it going to be cold tonight?
8. They are going to marry next week.
9. He's not going to eat steak.
10. Is she going to graduate this year?

[Unit 6 복습 TEST] 1. make 2. rain 3. won't
4. be 5. Will

Unit 8. 현재, 과거, 미래 쓰임 정리 059쪽

1. boils   2. discovered   3. runs   4. didn't
5. was   6. watched   7. tomorrow
8. yesterday   9. went   10. will go

[Unit 7 복습 TEST]
1. am   2. going   3. to   4. isn't   5. Is

Unit 9. 종합 TEST 060쪽

A. 1. ②   2. ③   3. ④   4. ④   5. going to
   6. saw   7. stopped   8. ③   9. ③
   10. Is, going to

B. 1. was   2. jumped   3. lived   4. ate
   5. didn't   6. will   7. going   8. was
   9. Did   10. go

C. 1. were   2. washed   3. stayed   4. rode
   5. Did   6. Will   7. call   8. lost   9. wrote
   10. took

Unit 10. 현재진행형 069쪽

1. is helping   2. sleeping   3. are   4. reading
5. am drinking   6. working   7. are drawing
8. looking   9. talking   10. am

[Unit 9 복습 TEST]   1. boils   2. didn't
3. is going to play   4. lost   5. will go

Unit 11. 현재진행형의 형태 074쪽

1. taking   2. swimming   3. lying   4. writing
5. is sitting   6. are running   7. tying
8. X, cutting   9. X, making   10. O

[Unit 10 복습 TEST]   1. is helping
2. are listening   3. drinking   4. are drawing
5. looking

Unit 12. 현재진행의 부정문과 의문문 080쪽

1. He is not[isn't] washing the dishes.
2. The baby is not[isn't] crying.
3. Is it raining?   4. Is she cleaning the kitchen?
5. driving   6. Is   7. talking   8. wearing
9. They are not cooking.
10. Is he singing?

[Unit 11 복습 TEST]   1. taking   2. is swimming
3. writing   4. are running   5. are making

Unit 13. 종합 TEST 081쪽

A. 1. ④   2. ②   3. ③
   4. They are not[aren't] playing basketball.
   5. She is not[isn't] doing her homework.
   6. is studying   7. Are, listening   8. ④
   9. ③   10. aren't

B. 1. is   2. walking   3. am drinking   4. lying
   5. writing   6. dancing   7. is not[isn't]
   8. Is   9. wearing   10. singing

C. 1. sleeping   2. reading   3. working
   4. are   5. swimming   6. running   7. is
   8. is not[isn't]   9. teaching   10. Is

Unit 14. 조동사 개념 익히기 090쪽

1. can   2. should   3. must   4. can't   5. X, be
6. X, make   7. O   8. You mustn't tell lies.
9. Should I stay here?
10. She won't go to Russia.

[Unit 12 복습 TEST]   1. isn't   2. Is   3. Is
4. isn't   5. aren't

Unit 15. 조동사 개념 확장하기 | 095쪽

1. Could   2. Will   3. may   4. 문을 좀 열어 줄래?

5. 그것을 다시 말씀해 주시겠어요?

6. 우산 좀 빌려도 될까요?

7. Can you call a taxi?

8. You can use my phone.

9. Would you carry this?

10. May I ask a question?

[Unit 14 복습 TEST]

1. can   2. be   3. may   4. make   5. mustn't

Unit 16. have to 101쪽

1. have to   2. to read   3. don't   4. Do

5. You don't have to hurry.

6. Do I have to wear a mask?

7. You must not go outside alone.

8. X, have   9. X, Does   10. O

[Unit 15 복습 TEST]

1. 창문을 좀 닫아 줄래?

2. 너는 이번 주말에 스키 타러 가도 된다.

3. 그것을 다시 말씀해 주시겠어요?

4. 너는 나의 폰을 사용해도 된다.

5. 제가 질문을 해도 될까요?

Unit 17. 종합 TEST 102쪽

A. 1. ①   2. ②   3. ③

4. You do not[don't] have to wait for me.

5. He must not[mustn't] stay here.

6. ①   7. ④   8. Would   9. must

10. doesn't have to

B. 1. can   2. must   3. cannot[can't]

4. Could   5. may   6. Will   7. can

8. have   9. don't   10. not

C. 1. be   2. Can   3. won't   4. open

5. must not[mustn't]   6. Does   7. don't

8. have   9. read   10. have

Unit 18. 비교급 형태 111쪽

1. strong   2. nicer   3. faster   4. lighter

5. smaller   6. warmer   7. bigger

8. He is richer than Cindy.

9. She is younger than you.

10. I arrived earlier than my mom.

[Unit 16 복습 TEST]

1. have   2. has   3. don't   4. Do   5. have

Unit 19. 비교급 만들기: more 118쪽

1. more important   2. bigger   3. faster

4. more interesting   5. more dangerous

6. taller   7. more beautiful

8. My computer is more expensive than yours.

9. Math is more difficult than English.

10. Monkeys are more intelligent than dogs.

[Unit 18 복습 TEST]

1. faster   2. lighter   3. warmer

4. bigger   5. younger

Unit 20. 최상급 형태 124쪽

1. hottest **2.** most **3.** highest **4.** smartest
5. most expensive **6.** coldest **7.** tallest
8. most famous **9.** most important
10. most popular

[Unit 19 복습 TEST]
1. bigger **2.** faster **3.** more dangerous
4. more difficult **5.** more intelligent

Unit 21. 불규칙 비교급과 최상급 129쪽

1. more **2.** better **3.** worst **4.** most
5. worse **6.** more **7.** best **8.** worst
9. better **10.** more

[Unit 20 복습 TEST]
1. hottest **2.** most expensive **3.** smartest
4. coldest **5.** most popular

Unit 22. 종합 TEST 130쪽

A. **1.** ② **2.** ③ **3.** ④ **4.** more **5.** most
　　6. best **7.** more **8.** ② **9.** ③ **10.** worst

B. **1.** nicer **2.** lighter **3.** faster
　　4. more important **5.** bigger
　　6. smartest **7.** most beautiful
　　8. coldest **9.** better **10.** worse

C. **1.** younger **2.** earlier **3.** more dangerous
　　4. taller **5.** faster **6.** more **7.** hottest
　　8. highest **9.** most popular **10.** most

Unit 23. 전치사 140쪽

1. for **2.** beside **3.** from **4.** with **5.** under
6. by **7.** between **8.** to **9.** without
10. about

[Unit 22 복습 TEST]
1. more **2.** worse **3.** more **4.** best **5.** better

Unit 24. 시간 전치사 at, on, in 146쪽

1. in **2.** at **3.** on **4.** at **5.** in **6.** at **7.** on
8. in **9.** in **10.** at

[Unit 23 복습 TEST]
1. for **2.** with **3.** between
4. without **5.** about

Unit 25. 장소 전치사 at, on, in 153쪽

1. in **2.** on **3.** in **4.** on **5.** in **6.** in **7.** at
8. on **9.** at **10.** in

[Unit 24 복습 TEST]
1. in **2.** at **3.** on **4.** in **5.** at

Unit 26. 접속사 159쪽

1. and **2.** but **3.** and **4.** or **5.** and **6.** or
7. and **8.** brave **9.** happy **10.** angry

[Unit 25 복습 TEST]
1. in **2.** on **3.** in **4.** in **5.** at

Unit 27. 문장과 문장을 연결하는 접속사 164쪽

1. because 2. but 3. so 4. when 5. and
6. because 7. but 8. because 9. when
10. so

[Unit 26 복습 TEST]
1. and 2. but 3. and 4. or 5. and

Unit 28. 종합 TEST 165쪽

A. 1. after 2. beside 3. without 4. ③
   5. ④ 6. when 7. so 8. ③ 9. and
   10. but

B. 1. from 2. to 3. in 4. at 5. on 6. at
   7. and 8. but 9. when 10. so

C. 1. with 2. under 3. at 4. in 5. on
   6. at 7. and 8. but 9. so 10. and

Unit 29. 의문사 의문문 만들기 173쪽

1. Who 2. Where 3. What
4. How was the weather?
5. What is your name?
6. When is Halloween?
7. Why is this dress so expensive?
8. were 9. are 10. is

[Unit 27 복습 TEST]
1. but 2. so 3. because 4. when 5. so

Unit 30. 일반동사가 있는 의문사 의문문 179쪽

1. Where 2. What 3. When
4. What do you like? 5. Where did she work?
6. How did they study science?
7. Why did you become a teacher?
8. did 9. do 10. learn

[Unit 29 복습 TEST]
1. What 2. What 3. When 4. Where 5. is

Unit 31. What, How의 활용 185쪽

1. How heavy 2. How often 3. What size
4. What date 5. many 6. many 7. much
8. much 9. How old is Emily?
10. What color is your phone?

[Unit 30 복습 TEST]
1. Where 2. What
3. Where 4. Why 5. What

Unit 32. There is, There are 190쪽

1. 카페에 두 사람이 있다.
2. 도시에 백화점이 있다.
3. 테이블 위에 약간의 토마토가 있다.
4. is 5. are 6. are 7. is
8. There are many bikes in the park.
9. There are two cars in front of my house.
10. There is a spider in the bathroom.

[Unit 31 복습 TEST]
1. How heavy 2. What date 3. How many
4. How old 5. What color

Unit 33. 명령문 / 제안문 만들기 196쪽

1. Get up **2.** Be **3.** Let's **4.** Don't **5.** drive
6. X, Do **7.** O **8.** X, sing **9.** X, don't **10.** O

[Unit 32 복습 TEST]
1. There is **2.** There are
3. There are **4.** is **5.** There are

Unit 34. 종합 TEST 197쪽

A.　**1.** ① **2.** ④ **3.** ②
　　4. What color do you like? **5.** ③
　　6. are **7.** is **8.** ④ **9.** Don't **10.** Let's

B.　**1.** How **2.** Why **3.** How **4.** Where
　　5. What **6.** much **7.** are **8.** is
　　9. Don't **10.** Let's

C.　**1.** did **2.** When **3.** How **4.** How
　　5. much **6.** is **7.** are **8.** take **9.** be
　　10. Get

Unit 35. 1 & 2권 총괄 TEST 1 200쪽

1. ③ **2.** ③ **3.** ② **4.** This **5.** Does **6.** ②
7. She doesn't [does not] have a cat.
8. is **9.** ③
10. She always goes to school by subway.
11. was **12.** ate **13.** ③
14. I'm not going to buy a bag. **15.** is riding
16. ② **17.** at **18.** because **19.** How **20.** Be

Unit 36. 1 & 2권 총괄 TEST 2 202쪽

1. ④ **2.** ② **3.** ③ **4.** drinks **5.** ④ **6.** don't
7. It **8.** his **9.** few **10.** ② **11.** ③
12. dancing **13.** cook **14.** must not
15. ① **16.** better **17.** most diligent **18.** in
19. Why **20.** How

고딸 임한결

<고딸영어>
블로그 blog.naver.com/84hahahoho
인스타그램 @goddal_english
유튜브 www.youtube.com/c/goddalenglish
네이버 밴드 band.us/@goddalenglish

<고딸영문법>, <고딸 잉글리시톡>,
<라이트 초등 영문법> 저자

고딸영문법

2 시제부터 의문문까지 개념 확장

지은이 **고딸 임한결**
그린이 **조한샘**
영문검수 **Scott Wear**
편집 **박수진**
펴낸 곳 **그라퍼**

Thanks to
사랑하는 엄마 아빠,
개정판 출간을 팍팍 밀어준 그라퍼 사장님,
북디자인 & 삽화 금손 조한샘 디자이너님,
교정의 여왕 수진언니님,
한 지붕 아래 꿀먹보와 어머님 Ann,
곧 세 돌이 되는 우리 보물 스텔라,
그리고 육아하면서 책 작업한 내 자신

1판 1쇄 그라퍼 2022년 5월 6일
1판 2쇄 그라퍼 2023년 4월 30일
1판 3쇄 그라퍼 2024년 5월 31일
ISBN 979-11-976520-3-5 [04700]

grapher

고딸영어

✉ garsimiro@gmail.com
🏠 blog.naver.com/84hahahoho
📷 @goddal_english
▶ www.youtube.com/c/goddalenglish
ⓑ band.us/@goddalenglish